KLHE *finance*

À propos de l'auteur

Jens M. Helbig invite ses lecteurs à écrire leur propre histoire. Pour atteindre son objectif, il s'appuie sur ses connaissances pratiques en finance afin de motiver ceux qui le lisent à faire le premier pas. Avec son style d'écriture laconique et divertissant, il suscite chez ses lecteurs l'envie de se lancer.

Le parcours qu'a engagé Jens Helbig vers la liberté financière tout en étudiant l'économie à Mexico et en travaillant dans un family office allemand, lui a permis d'acquérir une expérience précieuse dans plus de 30 pays. C'est à l'âge de 26 ans qu'il écrit avec le co-auteur Christopher Klein ses deux premiers ouvrages « Jour après jour dans la roue du hamster » et « Le hamster quitte la roue ». En 2018, ce dernier titre fut classé n° 2 dans l'ensemble du Kindle Store d'Amazon.de. Ses publications récentes « Einmal Dividende bitte! » et « De la blockchain à crypto-investisseur », sont devenus des best-sellers Amazon.

Jens Helbig est aussi apprécié de ses lecteurs car il se focalise sur l'essentiel et écrit avant tout pour le grand public. Contrairement aux ouvrages financiers classiques, les lecteurs trouvent dans la littérature financière de Jens Helbig des instructions concrètes et solides, qui les incitent à rentrer immédiatement dans le vif du sujet. L'auteur aux multiples best-sellers accompagne ses lecteurs sur le chemin vers l'indépendance financière.

L'auteur est toujours ouvert aux commentaires et aux questions. Le lecteur intéressé peut le contacter via l'adresse e-mail *contact@financepreneur. fr*.

Les livres de Jens Helbig sont disponibles sur : *https://www.amazon.fr/l/ B07HSYPSFF*

De la blockchain à crypto-investisseur

Comprendre la technologie blockchain et investir stratégiquement dans le Bitcoin, l'Ethereum, le Ripple & co.

De Jens M. Helbig
traduit de l'allemand par Clément Bourcheix
Tous droits réservés.

Pour des questions et des suggestions : *contact@financepreneur.fr*

De la blockchain à crypto-investisseur
1ère édition, mai 2019
© de GbR : Christopher Klein & Jens Helbig
une publication de GbR :
Christopher Klein & Jens Helbig
Hortensienstr. 26
40474 Dusseldorf, Allemagne

Les informations et les conseils contenus dans ce livre ont été examinés au mieux de nos connaissances et de nos convictions par l'auteur et l'éditeur. Une garantie ou une responsabilité pour des dommages de toute nature ne peut être acceptée. Le lecteur est responsable de ses décisions, notamment financières.

Couverture et mise en page : Stefan Valerio Meister - *www.stefanvaleriomeister.de*
Traduction : Clément Bourcheix
ISBN-13 : 978-3-947061-53-2

Pour plus d'informations :
https://www.amazon.fr/l/B07HSYPSFF

⊕ Vos bonus avec ce livre

La pratique vient toujours en premier dans nos livres. Au lieu d'une théorie ennuyeuse, vous recevrez des stratégies Do-It-Yourself axées sur la pratique que nous avons testées et conçues nous-mêmes et que nous pouvons donc vous transmettre avec conviction et bonne conscience.

Parce que nous nous soucions de votre développement, nous vous proposons de nombreux bonus et outils pratiques pour renforcer vos connaissances financières. Inscrivez-vous dès maintenant à notre lettre d'information gratuite et reprenez le contrôle de vos finances ! En plus des nombreux bonus et promotions exceptionnelles, vous recevrez gratuitement environ une fois par semaine des conseils importants et des instructions pratiques intéressantes pour vous aider à atteindre votre liberté financière.

Inscrivez-vous maintenant sous le lien suivant :

www.financepreneur.fr/devenir-libre-financierement/

Je dédie ce livre à mon fils Leandro,
pour qui la technologie de la chaîne de blocs fera dans quelques années
partie de son quotidien.

Table des matières

87   Chapitre 4 : Investir dans la crypto

Introduction

« Toute vérité passe par trois étapes. Au début, elle est ridiculisée ou déformée.
Ensuite, elle est combattue. Et finalement, elle est prise pour acquis. »

ARTHUR SCHOPENHAUER

Les bitcoins, la technologie blockchain et les contrats intelligents sont les mots-clés de la révolution numérique dans laquelle nous vivons. Soi-disant insidieuse, encombrante et ouvertement contestée par les banques, cette nouvelle technologie de la décentralisation se répand rapidement. Celui qui pense aujourd'hui que la blockchain ne révolutionne que le secteur bancaire est sur la mauvaise voie : la nouvelle ère de la chaîne de blocs est en plein essor et va bouleverser tous les domaines de la vie et de l'industrie.

À l'instar de l'Internet dans les années '96 et '97, beaucoup ignorent aujourd'hui l'importance de la technologie blockchain et de l'immense esprit d'optimisme qui se répand au sein du secteur de la cryptographie. Tandis que les médias, les politiciens et les différents influenceurs ne cessent de souligner les risques et d'en discuter longuement, des penseurs intelligents tentent de faire les choses correctement ! Ils se positionnent à temps pour tirer parti du méga-boom - qu'il s'agisse de groupes de réflexion dans les entreprises, de start-ups ou de crypto-investisseurs.

Un investissement dans la crypto, cela ne va pas de soi : on entend régulièrement parler de personnes qui perdent de grosses sommes d'argent à la suite de négligence technique ou d'un appétit trop important. Il n'y a pas d'investissement sans risque ! Celui qui plonge dans le monde du

Bitcoin and Co., constatera que c'est un marché extrêmement volatile et qu'il peut soudainement perdre toute sa mise. Par conséquent, il est nécessaire de clarifier tout de suite le point suivant : un investissement dans des crypto-monnaies ne devrait être entrepris qu'avec du capital-risque !

Cependant, ceux qui lisent entre les lignes comprennent que la technologie blockchain et l'avancée triomphale des crypto-monnaies digitales - dont le projecteur est centré sur le Bitcoin - sont imparables. Il y a aussi ces histoires à succès dans lesquelles certains adolescents sont rapidement devenus millionnaires parce qu'ils ont investi dans des crypto-monnaies au bon moment.

Officiellement, les banques et les hauts patrimoines dénigreront le Bitcoin and Co.[1], mais secrètement, beaucoup d'entre eux se mordent les doigts de ne pas avoir franchi le pas plus tôt au moment du boom de cette nouvelle technologie. Par exemple, le PDG de J.P. Morgan, Jamie Dimon, a dénigré publiquement le Bitcoin, le caractérisant de fraude et le comparant à la tulipomanie qui frappa les Pays-Bas au 17ème siècle[2]. Puis, deux jours plus tard, l'entreprise J.P. Morgan utilisa le cours qu'elle avait pris soin de pousser à la dégringolade pour investir environ 3 millions d'euros à un cours avantageux. Il est frappant de constater que d'autres grandes institutions financières telles que Morgan Stanley, Goldman Sachs et Barclays jouèrent également ce jeu.[3][4] Plus tard, lorsque la mascarade pris fin, Jamie Dimon revint non sans efforts sur sa déclaration et déclara finalement sa flamme aux crypto-monnaies.[5]

Même les grandes banques centrales sont très intéressées par la crypto. Cette nouvelle technologie peut être utilisée pour rendre le système monétaire existant plus efficace. De leur point de vue, cela serait bien sûr préférable qu'elle s'en contente et ne s'y substitue pas. Même si de nombreux détracteurs du bitcoin et des crypto-monnaies se retrouvent dans les rangs des banques centrales, il n'en reste pas moins que la Réserve fédérale américaine (Fed) estime que le bitcoin pourrait jouer un rôle similaire à l'or et que les actifs digitaux pourraient devenir une nouvelle classe d'actifs afin de diversifier un portefeuille.[6] De mon point de vue, ce sera le cas - et bien au-delà du Bitcoin.

En décembre 2017, le Bitcoin a franchi un obstacle important. Il fut reconnu comme un actif par les banques commerciales. Deux grandes bourses aux États-Unis, la CME et la CBOE, ont commencé à émettre des Futures sur le Bitcoin.[7] Grâce à ces mesures, il est de plus en plus facile pour les investisseurs institutionnels d'entrer sur le marché de la cryptographie sans avoir à connaître les aspects techniques. Au lieu de cela, ils peuvent participer au prix du bitcoin avec un instrument financier connu et réglementé, le contrat à terme (en anglais : Futures). D'autres produits financiers Bitcoin ont déjà été annoncés par CBOE, CME et Nasdaq. Cela pourrait être des options ou des fonds indiciels (ETF) qui permettraient à encore plus de participants au marché d'investir dans le Bitcoin.[8]

Au niveau des entreprises, il existe des sociétés internationales renommées telles que Bosch, Volkswagen, Deutsche Telekom, Cisco, Fujitsu et Microsoft, qui mettent déjà en œuvre des projets communs avec des « sociétés de cryptographie » (en l'occurrence IOTA)[9].[10] Pour un grand nombre d'entreprises, l'utilisation de la crypto-technologie représente un potentiel d'économies et de possibilités techniques énormes qui propulse leurs activités à un niveau supérieur.

Au niveau des États, les opinions divergent. D'un côté, le Japon reconnut le Bitcoin comme monnaie légale le 1er avril 2017. De l'autre,[11] la Chine interdisit les nouveaux ICO à la fin de l'année 2017 (« Initial Coin Offerings » = émission d'une nouvelle crypto-monnaie qui collecte des capitaux pour le financement des entreprises) et pourrait bientôt aussi interdire totalement les transactions en crypto-monnaies.[12] Pendant ce temps, les États-Unis envisagent de transformer le dollar américain en dollar numérique,[13] et l'Estonie projette également d'émettre une Estcoin pour ses e-résidents.[14] Dans le reste de l'Europe, y compris en France, on entend surtout des voix réprobatrices. En principe, toutefois, les politiciens français sont également intéressés par la crypto. Personnellement, cependant, j'ai l'impression que certains pays sont beaucoup plus en avance matière de cryptographie que nous, les Français.

Au niveau international, le bitcoin et les crypto-monnaies sont sur toutes les lèvres. Bien qu'il y ait encore beaucoup d'ambiguïté, une chose est déjà certaine aujourd'hui : les crypto-monnaies changent durablement notre pensée, notre avenir et notre vie en tant que terriens sur cette planète !

Si vous voulez profiter des changements positifs de demain, vous devez vous intéresser aux Bitcoin, Ethereum and Co. dès aujourd'hui. Ce livre vous emmène dans le monde de la crypto. Nous nous intéresserons tout d'abord au développement des systèmes monétaires antérieurs, nous découvrirons ensuite quelle est notre forme d'argent actuelle, puis observerons la naissance du Bitcoin. Nous examinerons également le fonctionnement de la technologie de la blockchain, ses avantages et les domaines dans lesquels des améliorations sont possibles. Ensuite, nous passerons à la pratique et je vous montrerai concrètement ce que vous devez prendre en compte lors de l'achat de Bitcoins et des autres crypto-monnaies, comment vous pouvez conserver les crypto-monnaies de manière aussi sûre que possible et quels sont les différents domaines d'application qui existent pour les crypto-monnaies et la technologie des chaînes de blocs. Enfin, nous verrons comment investir dans les crypto-monnaies, comment elles sont taxées et quels critères vous devez appliquer lorsque vous investissez dans cette classe d'actif. Nous examinerons les opportunités et les risques inhérents à diverses stratégies de placement. À la fin de cet ouvrage, je vous présenterai brièvement mon regard sur l'avenir de la crypto et du système monétaire.

Avec ce livre, j'aimerais susciter votre intérêt pour la crypto et la blockchain et aussi vous encourager à envisager les crypto-monnaies comme un investissement potentiellement intéressant. Je serais très intéressé de savoir si j'ai réussi et j'ai hâte de recevoir vos commentaires. Soit par e-mail ou sous la forme d'un commentaire sur Amazon.

Pour des questions et des commentaires, je suis à votre disposition à tout moment à l'adresse *contact@financepreneur.fr*.

Et maintenant : excellente lecture et bonne immersion dans le monde de la crypto !

Jens

Chapitre 1

L'histoire du Bitcoin

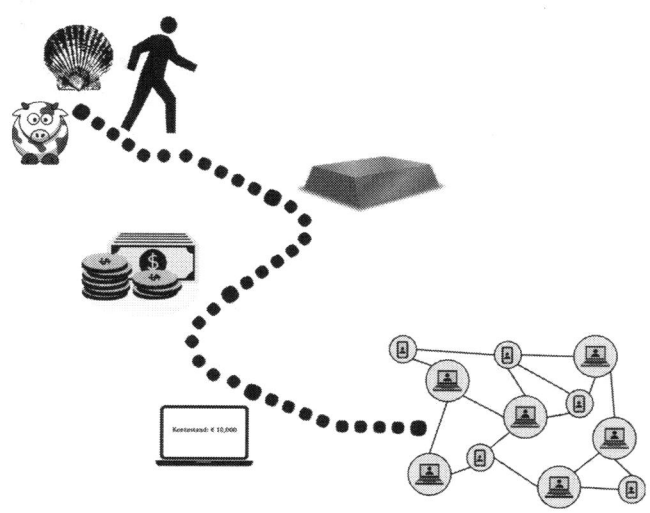

Il était une fois une crise immobilière, économique, financière et bancaire dont nous subissons aujourd'hui encore les effets, du moins indirectement. Beaucoup ne s'imaginent pas les énormes redistributions qui ont eu lieu depuis le début de la crise - et qui pour partie ont encore lieu ! Pour ne donner qu'un exemple, le ratio dette brute/PIB a augmenté de 41,5 % en Europe (zone euro, 19 pays) de 2007 à 2014 [15]! Et seule la dette publique est en jeu, mais c'est précisément elle que nous devons tous supporter sous la forme d'impôts ou de réductions des prestations sociales et de coupes budgétaires. Des domaines dont l'État devrait pourtant avoir la charge sont en passe de disparaître.

Même s'il y a eu beaucoup de critiques et de gens intelligents qui n'ont cessé de souligner les insuffisances du système monétaire en place, ces voix ont été soigneusement ignorées, étouffées, ou tout simplement supprimées. [16]Ce n'est qu'une fois frappées par la crise que de nombreuses personnes se sont finalement rendues compte que le système monétaire pouvait avoir un problème. Sa conception même rend les crises financières inévitables et favorise une répartition inégale des actifs.[17]

Pour comprendre en quoi le Bitcoin est novateur et génial, une connaissance élémentaire du système monétaire actuel et de sa monnaie est importante. C'est pourquoi nous examinerons brièvement les aspects les plus importants de l'évolution de l'histoire monétaire.

Le développement des moyens de paiement

La monnaie marchandise

Il y a bien longtemps déjà, les gens faisaient du commerce en s'échangeant des biens. Ce qui favorisait l'entraide. Un bien était directement échangé contre un autre (troc), ce qui s'avérait toutefois très fastidieux car les tailles et la rareté variées, sans compter que certains produits étaient périssables et d'autres non. En outre, la conversion de la valeur d'un produit par rapport à un autre posa un défi considérable. Finalement, l'humanité se mit d'accord sur un moyen de paiement universel (monnaie marchandise), qui pourrait être échangé contre tous les biens et services. Selon la culture et la région, il existait des produits très différents, notamment des coquillages, des pierres, du sel, des plumes, des peaux, des Cypraeidae ou des disques en pierre. [18]

Alors que la monnaie marchandise avait des avantages évidents sur le troc, elle n'était pourtant pas parfaite. D'une part, il n'y avait pas de contrôle réel sur la quantité de monnaie marchandise créée : seul le temps nécessaire pour la trouver ou la créer la limitait. En outre, la monnaie marchandise n'était généralement acceptée qu'au sein d'une certaine région et devenait pratiquement sans valeur en dehors de cet espace. D'autre part, l'argent n'était pas toujours facile à transporter ou à stocker en toute sécurité. Le risque de casse et donc de perte de valeur était bien réel.

Les métaux précieux

En raison des inconvénients susmentionnés, les métaux précieux se sont donc avérés être un moyen idéal de sauvegarde de valeurs. Ils étaient et sont généralement difficiles à trouver, à cultiver et ne peuvent pas être produits par l'Homme. Cette rareté leur confère leur valeur intrinsèque et les rend négociables à l'international. De plus, ils ne perdent pas de valeur s'ils sont cassés et ils ne périssent pas.

Alors, pourquoi l'usage des métaux précieux en tant que moyen de paiement a finalement été abandonné ? C'est principalement parce qu'ils n'étaient pas très pratiques à gérer : chaque échange devait être théoriquement pesé ou mesuré, et le transport de plus grandes quantités était littéralement lourd et peu sûr. Néanmoins, ils sont encore aujourd'hui une valeur refuge - par exemple sous forme de lingots.

La monnaie métallique

La première pièce de monnaie, fabriquée à base de métaux précieux, a été mise au point à Lydia vers 650 av. J.-C. et émise par le roi lydien Crésus. Depuis lors, il y a eu diverses formes de monnaies. Au début, elle était principalement fabriquée à base de métaux précieux, mais leur part diminua avec le temps. Pour produire les pièces on utilisait de l'électrum,[1] du bronze, du cuivre, du laiton, de l'argent et de l'or. Aujourd'hui, il reste encore des pièces en circulation : les pièces en euros sont constituées d'un mélange de fer, de cuivre, de nickel, de laiton, d'aluminium, d'étain et de zinc. Comme vous pouvez le constater, les métaux précieux d'origine ne sont plus utilisés. La valeur des pièces n'est donc plus conférée par leurs matières premières en métaux précieux, mais par des facteurs externes et leur facilité d'utilisation comme moyen de paiement.

Outre le fait que les pièces de monnaie sont beaucoup mieux adaptées en tant qu'unité de compte et beaucoup plus simple à transporter que les métaux précieux, elles étaient à l'époque avant tout un symbole de pouvoir du souverain. Grâce aux gravures sur les pièces on pouvait savoir directement qui dirigeait et contrôlait la création de monnaie. Alors que la création monétaire était à l'origine encore décentralisée, elle a été ensuite réalisée de manière centralisée par les orfèvres ou le souverain.

Une caractéristique importante de la nouvelle monnaie, toutefois, était qu'elle pouvait être falsifiée d'une part, et de l'autre, qu'elle pouvait engendrer de l'inflation ou de la déflation par la manipulation de la masse monétaire Les moyens de paiement utilisés avant cette période ne pouvaient pas être facilement falsifiés ou manipulés, et leur fabrication décentralisée n'encourageait généralement pas ce genre de pratiques. L'apparition de la monnaie produite à grande échelle a, en revanche, suscité l'intérêt des faussaires ou du fabricant de la monnaie lui-même. Ce dernier était tenté de réduire la quantité de métal précieux afin de pouvoir produire une plus grande quantité de pièces. Cela lui permit d'acheter plus de produits et de services que ce ne serait autrement possible. Cette méthode était souvent et volontiers utilisée, surtout en temps de guerre. La conséquence ? Inflation ou hyperinflation, c'est-à-dire dévaluation de la monnaie. Bien entendu, c'est surtout le peuple qui était alors impacté et non le souverain.

Aujourd'hui, la situation est telle que dans certains pays les États délèguent la création de monnaie, dont ils ont normalement le monopole, à une banque centrale privée. Par exemple, la Réserve fédérale américaine (Fed) comporte à la fois des entités étatiques et des entités privées. La Fed appartient aux banques commerciales (privées) qui sont obligées d'avoir des parts (des actions) dans leur banque centrale régionale.[20] Elles reçoivent un dividende fixe de 6 % par an sur ces actions.[21] Au lieu d'émettre directement l'argent lui-même, l'État doit d'abord l'emprunter à la banque centrale ou à d'autres acteurs du marché par le biais d'obligations, puis payer des intérêts sur celui-ci.[22] Une dangereuse dépendance est née ! On peut alors se demander qui est réellement le souverain ici.

La monnaie papier

Bien sûr, le développement de l'argent ne s'est pas arrêté aux pièces. Déjà avant puis au moment de l'apparition des banques centrales, plusieurs orfèvres (les banques de l'époque) ont eu une idée merveilleuse : ils inventèrent la première monnaie fiduciaire afin que le propriétaire puisse certifier qu'il détenait une certaine quantité de métal précieux ou de pièces de monnaie dans son coffre-fort. Comme il était encore plus pratique d'utiliser un simple morceau de papier comme moyen de paiement, de moins en moins de clients revenaient chez les orfèvres pour réclamer leur épargne. Il est devenu alors habituel de n'utiliser que des billets pour effectuer un paiement. Cela conduisit donc les orfèvres à mettre plus de papier-monnaie en circulation qu'ils n'en avaient eux-mêmes dans les coffres-forts. Ce jeu ne fonctionna pas toujours et pouvait même être fatal pour l'orfèvre. Malgré l'inflation qui en a résulté, le papier-monnaie a ensuite été repris par les banques et aujourd'hui par les banques centrales.

L'étalon-or

L'étalon-or fit son apparition dès les années 1880. Il permettait aux États d'imprimer une certaine quantité de papier-monnaie. L'importance de la masse monétaire était basée sur la quantité d'or que chaque État avait dans ses coffres. Ceux qui possédaient plus d'or étaient donc autorisés à imprimer davantage de papier-monnaie. Une situation qui a particulièrement profité à la puissance coloniale britannique, la Grande-Bretagne, qui avait accès aux plus grands gisements d'or au monde.

Le système de Bretton Woods

À la suite des deux guerres mondiales qui ont été financées, entre autres, par la « planche à billets », l'étalon-or devint incontrôlable et fut remplacé par le système de Bretton-Woods. Ce système monétaire prévoyait que le dollar américain pouvait être échangé à tout moment contre de l'or comme monnaie pivot. Parallèlement, un système de taux de change flexibles existait entre toutes les monnaies.

La conséquence de ce nouveau système, cependant, a été que le monde s'est endetté en dollars américains - la nouvelle ancienne monnaie fiduciaire - mais jamais en actifs réels, c'est-à-dire l'or que représentait le dollar américain à l'époque. Un déjà-vu tragique dans l'histoire des systèmes monétaires !

La monnaie fiduciaire

Les États-Unis tiraient d'énormes avantages du système de Bretton Woods, mais ne purent le contenir lorsque la pression devint trop forte en 1971. La solution consista à mettre fin unilatéralement à ce système. À partir de là, le dollar fut séparé de son équivalent or. Depuis lors, la valeur intrinsèque du dollar et des autres devises n'est définie que par la confiance que ses utilisateurs leur accordent. Cette forme d'argent est appelée monnaie fiduciaire. Nous utilisons cette monnaie fiduciaire à ce jour pour nos achats, nos paiements d'impôts et nos investissements.

Pour une meilleure compréhension des différentes formes de monnaie, je les ai comparées sous forme de tableau à la page suivante. Comme vous pouvez le constater, les propriétés de la monnaie ont changé au cours de son évolution. Même si une propriété a disparu, telle que la couverture physique ou la « protection contre l'inflation », le progrès technique a toujours permis de mettre en place une nouvelle forme de monnaie. Les Bitcoins ou crypto-monnaies sont actuellement une des dernières évolutions de la monnaie, car ils combinent de nombreuses propriétés utiles.

Là où le Bitcoin et les autres crypto-monnaies sont révolutionnaires, c'est qu'il n'est plus nécessaire de faire confiance à une seule entité, telle que le gouvernement ou les banques, mais uniquement au code informatique neutre sur lequel elles sont basées. Comme nous le verrons plus tard, elles sont beaucoup plus difficilement manipulables.

| Définition | Troc | Monnaie marchandise | Métaux précieux | Monnaie métallique | Monnaie papier | Monnaie fiduciaire | | Crypto-monnaie (Bitcoin) |
						Monnaie banque centrale	Monnaie scripturale	
	Marchandise 1:1	Coquillages, pierres, sel, etc.	Or, Argent	Pièces	premiers billets de banque	billets en circulation et dépôts bancaires détenus par les banques auprès de la banque centrale	Dépôts à vue auprès de banques commerciales	argent digital basé sur un code informatique
Impôts exigibles	X	X	X	X	X	X	X	en partie[24]
Couvert physiquement	X	X	X	théoriquement la teneur en métaux précieux	théoriquement couvert par les métaux précieux ou les pièces de monnaie	–	–	–
Protection contre l'inflation par limitation naturelle	–	–	X	théoriquement par la couverture physique	théoriquement par la couverture physique	–	–	X
Compte-titres moyen (non périssables)	–	X	X	X	X*	X*	X*	X
Unité arithmétique universelle	–	X	X	X	X	X	X	X
Facile à transporter	–	–	–	X	X	X	X	X
Difficilement falsifiable	X	X	X	–	–	–	X	X
Création monétaire	décentralisée	décentralisée	décentralisée	centralisée	centralisée	centralisée	centralisée	décentralisée
Qui contrôle la masse monétaire ?	tout le monde	tout le monde	tout le monde	Rois, gouvernements	Orfèvres, banques centrales	Banques centrales	Banque commerciales	un algorithme

*On peut se demander[23] si l'argent fiduciaire est "périssable" en raison d'une forte expansion de la masse monétaire, car il perd clairement de la valeur en conséquence. En tant qu'objet physique ou information électronique, il n'est évidemment pas périssable au sens propre du terme.

L'émergence du Bitcoin

Les dangers de notre système monétaire fiduciaire

Même si cela ne nous saute pas forcément aux yeux à premier abord, notre système monétaire fiduciaire actuel génère pourtant de réels dangers.

D'une part, la masse monétaire, un facteur majeur, est contrôlée à un seul endroit et par un petit groupe de banquiers centraux. La masse monétaire détermine combien de biens et/ou services nous pouvons acheter avec une unité de monnaie. S'il y a beaucoup plus de monnaie que de création de valeur, l'inflation est inévitable. Cela peut se refléter « de près » dans les prix des produits ou sous la forme d'une inflation dite des prix des actifs, c'est-à-dire des actions ou de l'immobilier. Le danger réside maintenant dans le fait que la création de monnaie est centralisée et que ce petit groupe peut être influençable ou prendre les « mauvaises » décisions concernant la masse monétaire. Cela pourrait à son tour nuire à l'économie ou nous déposséder de notre épargne.

Les éléments déterminants ici sont la centralisation et la confiance.

D'autre part, le système monétaire avec intérêts, intérêts composés et réserves obligatoires est conçu de telle manière qu'il doit s'effondrer régulièrement : d'un côté les avoirs connaissent une croissance exponentielle, de l'autre la dette s'amplifie indéfiniment. Toutefois, alors qu'un débiteur peut devenir insolvable si ses dettes sont devenues trop élevées, ses créances peuvent être annulées en cas de faillite (s'il a de la chance). Les créanciers perdent alors de l'argent ou dit autrement n'en gagnent pas.

Émergence d'une crise

En 20J7, l'heure avait sonné : d'une part, les taux d'intérêt bas fixés par la Réserve fédérale (aussi appelée Fed : Banque centrale des États-Unis) avaient créé un capital « bon marché » énorme à la recherche d'opportunités d'investissement. Les taux d'intérêt directeurs furent drastiquement revus à la baisse suite aux attentats du 11 septembre 2001 - jusqu'à 1 % ! En décembre 2000, ils étaient encore à 6,4 %.[25] Les taux d'intérêt directeurs fournissent des informations sur les coûts d'emprunt des banques commerciales. En conséquence, ces dernières pouvaient désormais s'endetter à des coûts 5 % inférieurs à ceux de 2000. En d'autres termes, avec les mêmes coûts (6,4 %), les banques commerciales étaient désormais en mesure d'emprunter et de prêter 6,4 fois plus qu'auparavant.

Outre les faibles taux d'intérêt, la réglementation en matière de crédit immobilier aux États-Unis est devenue de plus en plus souple. Les capitaux ont afflué massivement dans le secteur immobilier et des prêts ont également été accordés de manière excessive à des débiteurs peu fiables. Il arrivait même souvent que les prêts immobiliers soient « refourgués ». Il était donc (presque) possible d'acheter une maison avec un patrimoine de 0 euro ! La maison elle-même servait de garantie/de filet de sécurité. Les risques - tels que les conséquences de modifications des taux d'intérêt ou d'une baisse générale des prix de l'immobilier - étaient mal expliqués, voire pas du tout.

Avec la hausse constante des taux d'intérêt de la Fed, ce qui devait arriver, arriva : les taux d'intérêt pour les emprunteurs augmentèrent et les futurs acquéreurs se retrouvèrent avec un pouvoir d'achat bien inférieur. Dans l'ensemble, la demande d'accès à la propriété diminua et les vendeurs durent donc baisser leurs prix. Cela signifiait également qu'une maison qui avait été hypothéquée auprès d'une banque n'avait plus assez de valeur pour garantir le prêt initial. Les mensualités furent donc augmentées. Une spirale négative commença et se termina par la crise financière mondiale de 2007. Par la suite, cette situation se transforma en une crise des banques et des dettes souveraines, dont nous devons encore subir les effets 10 ans plus tard.

Le Bitcoin est né

En plein milieu de la crise et de la remise en cause des banques et du système monétaire, une ou plusieurs personnes sous le pseudonyme de Satoshi Nakamoto publièrent le 1er novembre 2008 un livre blanc intitulé « Bitcoin : A Peer-to-Peer Electronic Cash System ».[26] Dans ce document, il(s) jette(nt) les bases techniques du bitcoin et des crypto-monnaies reposant sur la technologie de la blockchain. En 2009, le Bitcoin vit le jour. La particularité du Bitcoin par rapport au système monétaire actuel est qu'il n'est pas basé sur la confiance des utilisateurs.

Dans le système actuel de monnaie fiduciaire, nous avons déjà recours à la monnaie électronique, à savoir la monnaie scripturale (le solde de nos comptes chèques), mais dans ce système, nous dépendons toujours d'une tierce partie - la banque commerciale - qui confirme l'état de notre compte et autorise les flux d'argent.

Théoriquement, la banque pourrait du jour au lendemain bloquer notre compte ou vider le solde et nous nous retrouverions dépourvus de tous nos moyens. Bien sûr, la banque n'a aucune raison de le faire, mais on voit clairement à quel point nous sommes dépendants des systèmes informatiques des banques. Tous les soldes de compte et les transactions y sont stockés de manière centralisée. Nous espérons alors que la Banque s'assurera que le solde du compte de chacun a été établi par la réception préalable des fonds et qu'un virement débiteur ne peut être effectué qu'une seule fois. En outre, les banques et autres fournisseurs de services financiers, tels que Visa ou MasterCard, doivent veiller à ce que leurs centres de données soient protégés contre les attaques de pirates informatiques. Même si cette protection pouvait être garantie, les pirates informatiques peuvent toujours accéder aux informations confidentielles relatives aux cartes de crédit via le secteur de la vente au détail. Target et Home Depot aux États-Unis en ont fait les frais il y a quelques années : respectivement 40 millions et 56 millions de numéros de cartes de crédit ont été dérobés ![27]

Satoshi a mis au point une solution qui élimine le besoin de confiance en un tiers, tout en garantissant que tout le monde ne peut dépenser ses

Bitcoins qu'une seule fois, et seulement s'ils en ont sur leur compte. Au lieu d'accorder notre confiance à une institution financière, avec le Bitcoin et les autres crypto-monnaies, nous la consentons au code sous-jacent qui est souvent même visible par le public. D'ailleurs, le fait que le Bitcoin soit open source, lui a permis d'évoluer et de s'améliorer.

Comme vous pouvez l'imaginer, la crise financière et ses implications ont rendu beaucoup de gens plus ouverts à une crypto-monnaie indépendante du système bancaire. Pour beaucoup, ce nouveau moyen de paiement est un grand pas vers plus de liberté : ne plus dépendre de l'establishment et des crises financières récurrentes et innover. Le Bitcoin est la concrétisation du vif désir d'un changement fondamental - créer quelque chose de nouveau et de révolutionnaire !

À la fin de ce livre je donnerai mon point de vue sur le fait que le Bitcoin et les autres crypto-monnaies sont synonymes ou non de plus liberté.

Alors que le Bitcoin a d'abord été défini par beaucoup comme une tentative insignifiante, sa valeur et son acceptation ont évolué à un point tel qu'il est désormais difficile d'imaginer la vie sans lui. La première transaction Bitcoin a été réalisée le 22 mai 2010 alors qu'un Bitcoin ne valait qu'un petit centime d'euros. Le développeur américain Laszlo Hanyecz acheta deux pizzas pour un montant de 10 000 Bitcoins. À ce moment-là un Bitcoin ne valait que 30 $. Aujourd'hui, un Bitcoin équivaut à 7 000 euros : 10 000 Bitcoin représentent donc désormais un montant de quasiment 700 millions d'euros !

Chapitre 2

La technologie de la blockchain

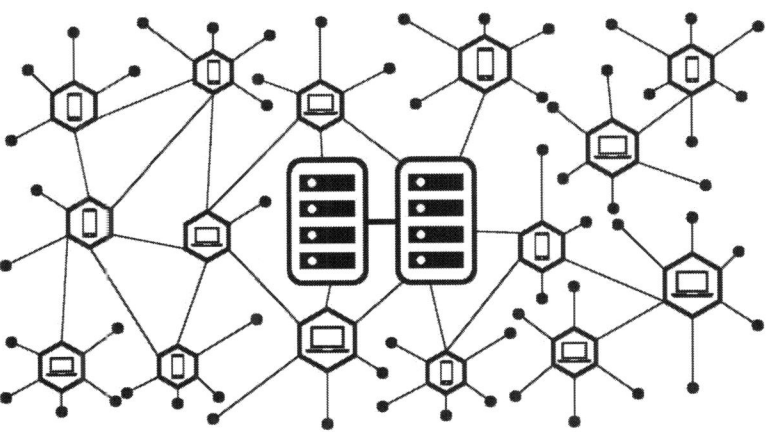

D'un point de vue technique, ce sont uniquement certains concepts et quelques fonctionnalités ingénieuses qui font la force de la technologie blockchain. Il s'agit des nœuds, de hachages, de mineurs, de blocs, de clés privées et bien plus encore. Ces composants et leur interaction concertée différencient la technologie des chaînes de blocs d'un simple programme ou d'un algorithme. Dans les sous-chapitres suivants, nous verrons quels sont les composants de base et quel est leur rôle global.

La crypto, en tant qu'éponyme des crypto-monnaies, est un élément constitutif fondamental de la technologie blockchain. À la fin du chapitre sur le cryptage asymétrique vous comprendrez en quoi ces composants de cryptage sont supérieurs. Leur interaction au sein du réseau décentralisé de la chaîne de blocs en constellation avec un mécanisme de consensus intelligent complète enfin la technologie de la chaîne de blocs.

La blockchain

On peut s'imaginer l'ensemble de la chaîne de blocs comme un *Public Ledger*, en français, il s'agit d'un registre public. Ce registre liste sous forme de blocs toutes les transactions effectuées : des toutes premières aux mouvements les plus récemment effectués et ce dans le monde entier.

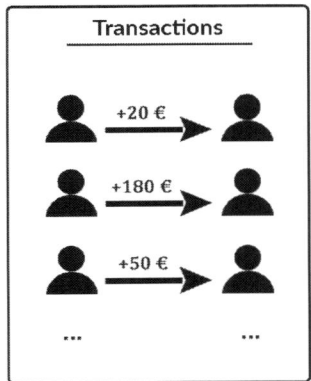

Figure 1 : Représentation simplifiée d'un bloc sur la blockchain.

Le registre n'est pas une invention, il existe déjà dans notre système monétaire fiduciaire indépendamment de la monnaie (euros, dollars, etc.) et il est uniquement établi et géré par les banques. Elles gardent une trace de qui, quand et combien d'argent a transféré à qui. Ainsi, personne ne peut transférer deux fois le même montant d'argent et donc dépenser plus qu'il ne détient. Satoshi Nakamoto souligne dans sa publication que la nécessité d'éviter les *doubles dépenses* est une propriété élémentaire d'un système de paiement électronique. C'est la seule façon d'assurer un traitement équitable et des conditions égales pour tous les participants.

Les banques, par contre, établissent un *Private Ledger*, c'est-à-dire un registre privé centralisé qu'elles sont les seules à pouvoir consulter. Dans ce contexte, ce sont elles qui doivent veiller à ce que personne ne dépense plus que ce qu'il ne possède. Si une personne souhaite effectuer une transaction, elle doit se rendre à la banque. Elle peut aussi utiliser les services de banque en ligne qui prennent eux aussi au moins une journée complète pour envoyer l'argent à la contrepartie. Pour les virements à l'étranger, en fonction du pays destinataire, une semaine entière jusqu'à la réception de l'argent n'est pas rare.

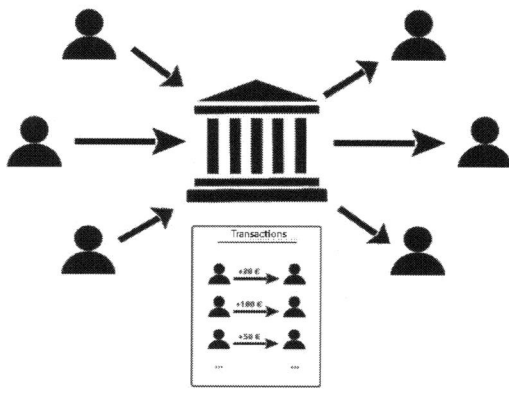

Figure 2 : dans le système monétaire fiduciaire actuel, les participants accordent leur confiance à une banque en tant qu'intermédiaire pour leurs transactions.

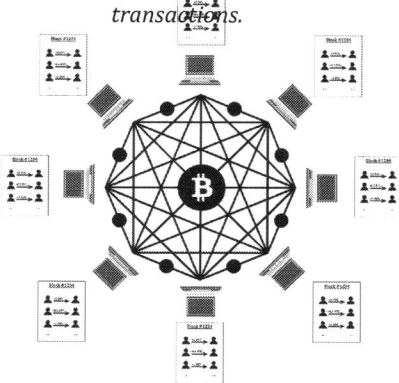

Figure 3 : dans le réseau blockchain, le registre est constamment mis à jour et partagé entre ses membres.

En revanche, le Bitcoin utilise un registre public (livre de caisse public) avec la technologie de la chaîne de blocs qui est constamment mis à jour et transmis à tous les participants. Cela garantit un haut niveau de *transparence* : chaque transaction peut être visualisée par tout le monde à tout moment. C'est un peu comme si, après avoir fait un virement, vous alliez dire à chaque participant de la zone monétaire à qui vous avez transféré de l'argent et combien.

Cependant, il est uniquement possible de voir sur la blockchain quelle adresse (numéro de compte) a envoyé quel montant en Bitcoin à quelle autre adresse. L'identification du propriétaire d'une adresse n'est pas directement possible. Il n'existe pas de « détenteur de registre » comme dans le cas des banques actuellement à qui nous pourrions demander l'identité du titulaire du compte. Chaque participant de la chaîne de blocs a théoriquement les mêmes droits d'accès au registre et peut continuer à y enregistrer des transactions. Contrairement au système monétaire précédent, la blockchain est donc un *système décentralisé*.

Les blocs

Les *blocs* peuvent être considérés comme une page de ce gigantesque registre virtuel. C'est l'imbrication des blocs précédents qui donne son existence au registre actuel. Cette idée d'imbrication des informations avec un horodatage numérique a été découverte en 1991, mais n'a pas trouvé d'application notable avant l'invention du Bitcoin.[28]

Chaque bloc contient sa propre empreinte numérique (*hachage*), l'empreinte numérique du bloc précédent et un certain nombre de transactions. Ces informations sont enregistrées pour toujours dans le bloc et son hachage. Un bloc n'est considéré valide que si plusieurs blocs suivants lui sont rattachés. La plus longue chaîne de blocs illustre fidèlement l'ensemble des transactions effectuées jusqu'à présent.

Une transaction indique à son tour un expéditeur, un destinataire et une somme d'argent en Bitcoin. En théorie, il est tout à fait possible que d'autres informations via des applications blockchain différentes (non B. itcoin) soit enregistrées dans les blocs. Par exemple, qui a acheté une maison à qui ou quel politicien à fait quelle promesse. Avec cette dernière application, il serait alors possible de déjouer leur langue de bois - reste à savoir si cela impliquerait un changement de comportement. Plus tard, nous examinerons de plus près les autres utilisations possibles de la chaîne de blocs.

C'est en fonction de l'empreinte (*du hachage*) du bloc de départ que le prochain bloc est généré. La première personne qui découvre comment le bloc suivant doit être structuré, détermine quelles transactions doivent être enregistrées dans le bloc suivant. Une fois qu'un mineur a trouvé et caractérisé un bloc, il en informe (automatiquement) tous les membres du réseau. À partir de là, tous les mineurs arrêtent de calculer ce bloc et tentent de calculer le suivant. Pour cela, il est obligatoire de se baser sur le hachage du dernier bloc.

S'il arrive que deux mineurs découvrent un nouveau bloc en même temps, alors celui qui peut prouver qu'il a le plus de blocs suivants est retenu. Il est donc possible que les mineurs travaillent sur différentes chaînes en même temps. Cependant, une fois le bloc suivant découvert, la chaîne concernée est considérée comme la plus longue. À partir de là, tous les mineurs travaillent à nouveau ensemble sur cette chaîne. Le bloc parallèle devient *orphelin* et est invalidé. Les transactions enregistrées dans ce bloc orphelin sont transférées dans l'un des blocs suivants appartenant à la plus longue chaîne.

Le hachage

En plus des informations réelles (transactions), chaque bloc porte sa propre empreinte et celle du bloc précédent. À la manière d'une empreinte digitale, un hachage est un marqueur d'identification unique d'un bloc qui est généré lors de sa création. La particularité est que ce hachage est généré entre autres en utilisant les informations contenues dans le bloc lui-même.

Changer un seul caractère dans le bloc génère un hachage complètement différent. Dans un tel cas, il s'agirait alors d'une « empreinte digitale » différente et donc également d'un bloc complètement différent. Un hachage est un moyen très ingénieux de détecter immédiatement les manipulations sur un bloc.

La particularité est que, bien que la fonction de hachage soit divulguée, il est impossible de recalculer (de deviner) le contenu numérique enregistré dans le bloc à partir de cette dernière. Un exemple simple d'une telle fonction de hachage est la somme numérique. La somme numérique de 123 est 6 (1 + 2 + 3). Cependant, avec la valeur 6, nous ne pouvons pas savoir quelle était la valeur initiale (123). En effet, il y a une infinité de nombres dont la somme numérique est 6, par exemple : 105, 12 003, 33, 1 000 000,104, etc. Une fonction mathématique facile à calculer, mais pratiquement impossible à inverser, est appelée fonction à sens unique. Un hachage est donc une fonction à sens unique.

Pour le Bitcoin c'est fonction de hachage SHA-256 qui est utilisée. Il s'agit d'un procédé mathématique beaucoup plus complexe que la somme numérique. Avec la SHA-256, chaque bloc peut être identifié de manière unique permettant ainsi de déterminer s'il a été manipulé ou non.

Chaque hachage a également la même longueur et la même taille. Une même entrée numérique produit toujours la même sortie : le hachage.

La sécurité de la blockchain

Une fois qu'un bloc est considéré comme confirmé, il ne peut pratiquement plus être modifié rétroactivement en raison de 3 outils de sécurité.
Ces derniers sont le hachage, la preuve de travail et le réseau peer-to-peer.

Le hachage (l'empreinte digitale)

Pour manipuler le contenu du bloc, il faudrait changer le hachage d'un
bloc dans la chaîne. Comme le bloc suivant contient le hachage du bloc
précédent, il deviendrait immédiatement invalide et, avec lui, tous les blocs
suivants aussi. Il faudrait donc recalculer le hachage du bloc suivant. Le
bloc suivant contenant le hachage de son prédécesseur, devrait également
être recalculé. Il faudrait donc recalculer tous les blocs de la chaîne à partir
du bloc ayant été manipulé.

Cela peut paraître très chronophage, mais ça ne l'est pas tant que cela
en raison des puissances de calcul actuelles. Les ordinateurs d'aujourd'hui
peuvent facilement calculer des centaines de milliers de hachages par
seconde, avec lesquels il est alors possible de deviner le bon hachage. C'est
précisément pour cette raison que les deux outils de sécurité suivants ont
également été intégrés.

La preuve de travail (Proof of Work)

La preuve de travail est un mécanisme qui rend plus complexe la création d'un nouveau bloc. Dans le cas du Bitcoin, la preuve de travail prend
environ 10 minutes pour attacher un nouveau bloc à la blockchain. Ceci est
garanti par ce qu'on appelle la *difficulté cible*. Ceci est ajusté toutes les 2
semaines pour le Bitcoin en tenant compte du taux de hachage de l'ensemble du réseau Bitcoin. Le *taux de hachage* est l'unité de mesure du temps
nécessaire pour miner un nouveau bloc avec une difficulté cible donnée.[29]
Avec leur taux de hachage individuel, les mineurs peuvent également calculer la probabilité de trouver un nouveau bloc en premier. Pour ce faire,

ils partagent (mathématiquement) leur taux de hachage avec celui de l'ensemble du réseau.

On pourrait donc être tenté de manipuler un bloc, mais il faudrait pour cela avoir d'énormes capacités de calcul. Alors que cela était possible au tout début de Bitcoin, une seule transaction Bitcoin consomme désormais autant d'énergie électrique qu'un foyer américain en un mois.[30] Vous imaginez donc probablement que recalculer un grand nombre de transactions demanderait une capacité de calcul et une puissance démesurée.

Si vous souhaitez manipuler un bloc, vous devez également recalculer la preuve de travail pour tous les blocs suivants, car chacun contient le hachage du précédent. Dans ce cas, et si théoriquement la puissance de calcul de l'ensemble du réseau était disponible, le temps requis serait d'environ 10 minutes (grâce à la difficulté cible) multiplié par le nombre de blocs suivants.

À chaque nouveau bloc, la sécurité de tous les précédents est un peu plus renforcée. Et comme si cela ne suffisait pas, il existe un troisième outil de sécurité qui le rend pratiquement hermétique aux attaques potentielles.

Le réseau P2P et les registres partagés

Les blockchains utilisent un *réseau P2P* ("peer to peer") pour gérer leur registre. Au lieu de conserver le registre dans un seul et même endroit, il est copié des milliers de fois et détenu par tous les participants au réseau. Si quelqu'un rejoint le réseau - et tout le monde peut le faire -, il obtient une copie complète de la blockchain. Une fois le nouveau bloc créé, il sera envoyé à tous les participants du réseau. Ceux-ci le vérifient, c'est-à-dire qu'ils contrôlent s'il remplit bien certaines caractéristiques. Cela ne prend que quelques millisecondes. Lorsque tout est en ordre, le bloc est alors attaché en queue de blockchain.

Tous les participants au réseau créent un consensus avec ce processus. Cela signifie qu'ils s'accordent sur les blocs valides et sur ceux qui ne le sont pas. Les blocs manipulés sont rejetés par les autres participants.

Pour pouvoir manipuler un bloc avec succès, outre le recalcul des hachages et l'exécution de la preuve de travail de tous les blocs, au moins 50 % des participants du réseau P2P doivent être convaincus que le bloc manipulé est légitime. Ce n'est qu'ainsi que les autres participants accepteront également le bloc manipulé.

De notre point de vue, il est donc aujourd'hui impossible de manipuler les transactions sur la chaîne de blocs.

Utilisateurs, nœuds, mineurs

Dans la plupart des blockchains, il existe trois types de membres : *les utilisateurs, les nœuds et les mineurs.* En passant, j'emploie exprès le terme de « membres » et non de « personnes » car les participants ne doivent pas nécessairement être des êtres humains. Ils peuvent aussi être des ordinateurs ou des intelligences artificielles, par exemple une future voiture autonome payant automatiquement à la station-service, ou un réfrigérateur commandant de nouveau des aliments.

Les *utilisateurs* sont les membres qui ne font qu'utiliser la blockchain et ne veulent pas se préoccuper du reste. Ils effectuent des paiements et les reçoivent. Ils ne stockent généralement pas l'historique complet des transactions. Lorsque vous souhaitez effectuer une transaction, vous contactez (automatiquement) des nœuds et des mineurs. Vous payez généralement une somme modique, également appelée *Mining-Fee* (frais « de minage » ou frais de transaction). Les utilisateurs sont parfois appelés *nœuds légers.*

Les nœuds, ou *nœuds complets,* stockent l'historique intégral de la chaîne de blocs. Ils reçoivent les informations des utilisateurs et d'autres nœuds, les passent en revue et les transmettent ensuite. Leur principale fonction est de veiller à ce que la blockchain soit décentralisée. S'il n'y avait qu'un seul nœud, nous aurions à nouveau un système central, ce qui n'est pas le but.

Les *mineurs* créent un consensus initial. Cela signifie qu'ils examinent et vérifient les transactions entrantes. Dès qu'ils les ont enregistrées dans un bloc et qu'elles ont été confirmées plusieurs fois, le bloc et les transactions qu'il contient seront considérés comme légitime par tout le réseau. Au même moment, un consensus sur ce qui s'est passé est trouvé et les transactions contenues dans le bloc sont considérées comme exécutées.

Le terme « miner » est trompeur, car il suggère que des Bitcoins pourraient être trouvés - au même titre que de l'or peut être découvert et exploité. Bien entendu, seules les propriétés du bloc suivant peuvent être trouvées. Si un mineur trouve le bloc suivant en premier, il recevra des mining-fees (frais de transaction) pour les transactions qu'il a enregistrées, sorte de récompense pour son travail. Dans le cas du Bitcoin, cette prime minière est actuellement de 12,5 Bitcoins et était initialement de 50 Bitcoins. Au même moment, 12,5 Bitcoins ont été ajoutés à la masse monétaire de Bitcoin. Mais comme elle est limitée à 21 millions de Bitcoins, la récompense est réduite de moitié tous les 210 000 blocs. La prochaine réduction de moitié à 6,25 Bitcoins est actuellement prévue pour l'été 2020. Il faudra encore 100 ans pour que la masse monétaire soit complètement épuisée.

Comme vous pouvez le constater, au fil du temps, la motivation des mineurs s'oriente de plus en plus vers les frais de transaction et de moins en moins vers la prime minière. Bien que l'activité de minage soit rentable pour les grosses structures, parce qu'elles utilisent des processeurs dédiés et exploitent des centres de données entiers, il est pratiquement impossible pour un utilisateur privé équipé d'un simple PC de tirer des profits de cette activité. Notamment parce que les coûts en électricité seraient tout simplement trop élevés par rapport au nombre de blocs créés. Ce n'est pas pour rien que les grandes sociétés de minage se trouvent principalement en Islande et en Chine, où les prix de l'électricité sont bas.

Théoriquement, toutefois, chaque participant peut assumer simultanément les trois fonctions : utilisateur, nœud et mineur.

Une gestion de compte décentralisée

Nous arrivons maintenant à un aspect essentiel des crypto-monnaies : le cryptage des comptes. Il intervient au cœur de la gestion de compte décentralisée de la blockchain.

En revanche, la gestion de compte centralisée reste identique à ce que vous connaissez déjà. Lorsque vous ouvrez un compte, la banque vous attribue un numéro de compte unique. Elle s'assure que personne d'autre n'a ce numéro. Vous pouvez aller à la banque quand vous le souhaitez, vous identifier et accéder à votre compte.

En revanche, sur la blockchain, la situation est très différente : aucune entité centrale ne vous attribue un numéro de compte unique et veille à ce qu'il ne soit pas utilisé par d'autres. Vous vous attribuez tout simplement votre propre numéro de compte. Et vous devez répéter l'opération pour chaque crypto-monnaie. Il vous faut donc un numéro de compte pour Bitcoin, un autre pour Ethereum, un autre pour IOTA, etc. Vous pouvez également utiliser ce que l'on appelle des *Exchanges* (des Bourses pour crypto-monnaies). Elles prennent pour vous automatiquement en charge ce processus d'attribution des numéros de compte.

Si vous décidez de vous attribuer vous-mêmes un numéro de compte, il est plus que recommandé de le générer de manière aléatoire, par exemple avec un générateur aléatoire. Sinon la probabilité que vous obteniez le même numéro que quelqu'un d'autre est trop grande.

Pour commencer, nous allons examiner le chiffrement symétrique, puis asymétrique. Cela vous permettra de comprendre pourquoi ce système de comptes a du sens dans l'ensemble et est sûr malgré une probabilité plus importante de doublon de numéros de comptes.

Le chiffrement symétrique

Avec le chiffrement symétrique les objets ne sont chiffrés qu'avec une seule clé. L'exemple le plus illustratif est celui de votre propre maison : il n'y a qu'une clé et quiconque en est propriétaire peut y entrer. Si vous souhaitez que quelqu'un arrose vos fleurs lorsque vous êtes absent, vous devez d'abord lui donner votre clé (ou vos fleurs ;)). Dans notre exemple de la maison, le cryptage est le verrou qui ne peut être « décrypté » qu'avec la clé physique appropriée.

Si vous souhaitez maintenant chiffrer des données à envoyer à quelqu'un, vous pouvez également utiliser le chiffrement symétrique. Dans ce cas, vous utiliseriez une clé numérique pour le cryptage. Le destinataire doit également connaître cette clé numérique pour déchiffrer les données cryptées, c'est-à-dire pour pouvoir les lire. Une troisième personne qui intercepterait les données chiffrées via Internet ne pourrait pas les déchiffrer sans avoir la clé secrète.

Un exemple mathématique d'un cryptage symétrique très simple d'un message serait le fait d'attribuer une lettre différente à chaque lettre de l'alphabet. Par exemple, on pourrait les remplacer par la troisième lettre consécutive de l'alphabet. Donc, A deviendrait D, B > E, C > F et ainsi de suite. La formule mathématique de chiffrement serait alors la suivante :

Texte en clair + 3 = texte crypté

Le mot « test » deviendrait « whvw » en appliquant la règle cryptage à chaque lettre. La formule mathématique pour déchiffrer le texte serait donc la suivante :

Texte crypté - 3 = texte brut

Si vous « soustrayez » 3 lettres de l'alphabet à chaque caractère du mot, vous obtenez de nouveau « test ». Bien sûr, il ne s'agit que d'un exemple très simple et pas très sécurisé. Vous pouvez augmenter considérablement le niveau de difficulté en ajoutant plus d'opérations arithmétiques à encoder. Une méthode de chiffrement symétrique considérée comme sécurisée est, par exemple, l'*International Data Encryption Algorithm* (IDEA avec une longueur de clé de 128 bits) ou l'*Advanced Encryption Standard* (AES avec une longueur de clé allant jusqu'à 256 bits), qui est même certifiée aux Etats-Unis pour les documents gouvernementaux portant le secret-défense.

Le gros inconvénient des méthodes de chiffrement symétriques réside toutefois dans la communication de la clé. Dans la vie réelle, il est tout à fait possible de transmettre une clé comme dans l'exemple de la maison. Mais cela est beaucoup plus complexe si vous ne pouvez pas rencontrer l'autre personne ou même si ne la connaissez pas. Un autre défi est de pouvoir changer la clé. Vous ne pouvez pas envoyer la clé au destinataire par courrier électronique, car elle pourrait facilement être interceptée et lue. D'autres formes de transmission de données sont également dangereuses pour la même raison.

Si le cryptage ne joue qu'un rôle mineur dans les messages sans importance, il est d'autant plus important lorsqu'il s'agit de questions financières (ou de transfert de technologie, par exemple). C'est pourquoi la blockchain utilise un cryptage asymétrique.

Le cryptage asymétrique

La particularité du cryptage asymétrique est que le destinataire n'a pas besoin de la clé pour chiffrer quelque chose. Dans le monde réel, cela signifierait de laisser un casier vide ouvert. A ce casier, vous accrochez simplement un cadenas lui aussi ouvert. Dès que quelqu'un vient et met quelque chose à l'intérieur, il le pousse et ferme le cadenas.

L'expéditeur doit donc savoir où se trouve votre casier, mais il ne peut pas l'ouvrir s'il est verrouillé. Un autre exemple serait votre boîte aux lettres, dans laquelle chaque postier peut y déposer du courrier mais ne peut pas en prendre. En tant que destinataire, vous pouvez vider le contenu à tout moment, car vous avez la clé du cadenas ou de votre boîte aux lettres.

En conséquence, dans le cryptage de données numériques, un procédé cryptographique asymétrique, par exemple *Rivest-Shamir-Adleman* (RSA) ou *Elliptic Curve Cryptography* (ECC), est utilisé. Ce procédé génère une *clé publique* et une *clé privée*. Les deux clés sont liées mathématiquement, mais l'une ne peut pas générer l'autre. La clé publique est utilisée pour chiffrer les données. Pour déchiffrer, vous avez besoin de la clé privée. Dans l'exemple de la maison ou de la boîte aux lettres, la clé publique serait l'adresse. La clé privée serait la clé de la serrure.

Donc, si vous voulez envoyer des données (Bitcoin), vous les chiffrez avec la clé publique du destinataire. Une fois chiffrées, vous ne pouvez pas déchiffrer les données vous-même. Seul le destinataire peut rendre ces données lisibles avec la clé privée. Dans le cas de Bitcoin, le destinataire peut utiliser ces données (argent), c'est-à-dire les transmettre.

Lorsque vous faites une transaction Bitcoin, vous envoyez des Bitcoins à l'adresse publique du destinataire. Cela ne signifie mathématiquement rien d'autre que le fait que vous chiffrez ce montant de Bitcoin avec la clé publique du destinataire. Seul le destinataire sait comment accéder aux Bitcoins (plus précisément, où ils se trouvent), car lui seul dispose de la clé privée permettant de décrypter le message. Seul le destinataire peut continuer à utiliser les Bitcoins cryptés.

Techniquement, c'est en fait un peu différent. Une autre étape de sécurité automatique est intégrée : l'*adresse publique* et votre adresse de réception, ne sont pas toutes les deux votre clé publique, mais un hachage (une fonction à sens unique) de votre clé publique. Donc, personne ne connaît votre clé publique jusqu'à ce qu'une transaction de la chaîne de blocs vers cette adresse ait eu lieu.

Figure 4 : votre adresse Bitcoin (adresse publique) a été dérivée de deux fonctions à sens unique.

La clé publique devient publique car elle est requise comme signature - pour prouver que vous êtes propriétaire de la clé privée. Lorsqu'ils contrôlent les blocs, les mineurs vérifient votre clé publique et son hachage. A cette étape, la clé publique est stockée sur la blockchain afin que tout le monde puisse la voir.

Cette étape supplémentaire est un mécanisme de sécurité dans le cas où quelqu'un trouverait un moyen de recalculer la clé privée à partir d'une clé publique. Mais parce qu'il n'a pas votre clé publique (tant qu'aucune transaction n'a encore eu lieu), il ne peut rien calculer en retour.

Comme ce mécanisme de sécurité ne fonctionne que jusqu'à ce qu'une transaction ait eu lieu, certains experts en sécurité recommandent pour chaque nouvelle transaction d'utiliser une nouvelle clé privée et une clé et adresse publique associées. Personnellement, je pense que cette recommandation est surtout à prendre en considération pour les grosses transactions, mais peut être négligée pour les plus petits montants.

Dans tous les cas, tout le monde peut connaître votre adresse publique, mais en aucun cas votre clé privée !

Mathématiquement, la génération de clé est résolue à l'aide de fonctions à sens unique dotées d'une « porte dérobée ». Celles-ci sont relativement faciles à calculer, mais très difficiles à inverser à moins d'avoir des informations spécifiques.

Un exemple d'une telle fonction est la multiplication des nombres premiers. Alors qu'il est assez facile d'effectuer la multiplication à l'aide d'une calculatrice, la factorisation primaire d'un nombre prend beaucoup plus de temps, même avec un ordinateur puissant. La raison est qu'ils ne peuvent être découverts qu'empiriquement (à la suite d'essais et erreurs) ou d'une *attaque brute force*. Donc, si les nombres premiers multipliés, et donc leur résultat, sont assez gros, alors trouver les nombres premiers originaux peut demander des décennies voire des siècles, même avec une énorme puissance de calcul ![31]

La clé privée et l'adresse publique

Si vous souhaitez ouvrir un « compte » sur la blockchain, il ne vous reste plus qu'à choisir de manière aléatoire une clé privée parmi toutes les combinaisons possibles. Ainsi, tous les comptes existent déjà à l'avance, vous décidez simplement quel chemin cryptographique vous voulez utiliser. Le nombre de clés privées possibles est infiniment grand et c'est en cela que réside la haute sécurité !

La plupart ne peuvent que difficilement s'imaginer le nombre de possibilités. Pour vous donner une idée de ce nombre incroyablement important, souvenons-nous de l'inventeur de l'échiquier. Le jeu d'échecs a été inventé en Inde il y a fort longtemps. L'empereur indien Sheram aimait tellement le jeu d'échecs qu'il demanda à l'inventeur de faire un vœu et de ne pas être modeste. L'inventeur demanda donc à l'empereur de lui donner un grain de riz pour le premier champ, deux grains de riz pour le deuxième champ, quatre pour le troisième champ, etc. Donc, toujours deux fois plus que dans le champ précédent. L'empereur était un peu déçu car il trouvait que c'était trop peu mérité. Cependant, lorsqu'il essaya finalement de réaliser ce souhait, il sentit toute la force de sa croissance exponentielle et dut admettre qu'il était en fait incapable de réaliser son souhait.

Combien de riz aurait-il dû payer à l'inventeur ? L'échiquier se compose de 64 cases. Le nombre de grains de riz correspondant aux 10 premières cases est donc le suivant : 1 + 2 + 4 + 8 + 16 + 32 + 64 + 128 + 256 + 512 =

1 023 grains de riz. Cependant, chaque nouvelle case reçoit plus de grains de riz que toutes les cases précédentes réunies. Puis, des cases 11 à 20, 1 047 552 grains de riz supplémentaires sont ajoutés et nous n'en sommes même pas à mi-chemin. Rien que sur la 32e case on atteindrait déjà 2 147 483 648 grains de riz. Ces 2,1 milliards de grains de riz vont encore doubler à la 33e case. Quel est le nombre total de grains de riz qui auraient dû être payés ? 18 446 744 073 709 600 000 grains de riz, ce qui veut dire : 18 000 milliards, 446 milliards, 744 milliards, 73 milliards, 709 millions, 600 000 grains de riz. En d'autres termes : $1 + 2^{63}$.

Alors que, dans l'exemple, l'empereur aurait dû payer toute la récolte de riz dans le monde depuis plus de 850 ans, les possibilités de clés privées (correspondant à un seul grain de riz), elles, sont loin d'être épuisées lors de l'ouverture d'un compte, car 63, ce n'est même pas le quart de 256 !

Si vous continuez notre jeu de calcul et comptez les possibilités de clés privées, vous obtenez alors un nombre à 78 chiffres ![32] Notre Voie Lactée a une masse de 100 milliards de soleils et contient environ $[10]^{68}$ atomes. Les possibilités de clés privées sont près de 1,2 milliard de fois supérieures au nombre d'atomes de la Voie lactée - ou 1/9 correspondent au nombre total d'atomes contenus dans l'univers avec ses milliards de galaxies.[33]

Imaginez que chacun de ces atomes soit un casier potentiel - tous les casiers existent déjà. Maintenant, vous en choisissez un au hasard. Dans chaque casier se trouve un « guide » : les informations sur la façon dont vous (mathématiquement) utilisez la clé publique et donc aussi l'adresse publique. L'adresse publique est un casier dans lequel d'autres personnes peuvent vous déposer de l'argent. En d'autres termes, votre numéro de compte. Cependant, seule la personne en possession de la clé privée peut utiliser l'argent de ce compte. Nous pourrions le formuler comme suit : tout le monde peut lire/voir l'adresse publique, mais seul le détenteur de la clé privée peut écrire/faire des modifications.

À partir d'une clé privée, vous pouvez toujours extraire l'adresse publique, mais jamais l'inverse !

On ne le soulignera jamais assez. C'est pourquoi il est extrêmement important de conserver votre clé privée en lieu sûr. Vous trouverez toutes les possibilités dans le chapitre intitulé « Porte-monnaie ».

Inconvénients de la preuve de travail

Avant de nous intéresser plus particulièrement à la préservation des crypto-monnaies, j'aimerais discuter du *mécanisme de consensus*, la preuve de travail, et de ses alternatives. Cela est principalement dû au fait que la consommation d'énergie de Bitcoin a atteint des chiffres astronomiques ces dernières années. On tente de s'attaquer au problème de l'énergie par le biais de projets tels que *Lightning Network* for Bitcoin et *Raiden* for[34] Ethereum, la deuxième crypto-monnaie la plus importante. Cependant, ils ne changent pas le mode de fonctionnement de la preuve de travail.

On estime que le réseau Bitcoin consomme actuellement 73,12 TWh par an.[35] C'est presque la moitié de l'énergie actuellement nécessaire pour extraire de l'or (150,69 TWh). Converti en dollars américains, le Bitcoin ne rapporte pas moins de 4,5 milliards de dollars par an. Pour l'or réel, par contre, c'est 120 milliards de dollars.[36] La quantité d'énergie employée pour alimenter le réseau Bitcoin, permettrait de subvenir aux besoins en électricité de pays comme l'Autriche, le Chili ou la République tchèque.

Un autre inconvénient de la preuve de travail est aussi sa tendance à la centralisation. Cela est dû au fait que de nombreux mineurs s'associent à un *pool minier* et peuvent combiner leur taux de hachage. Si un mineur du pool trouve un nouveau bloc, les coûts de transaction et la récompense sont répartis entre tous les participants. Cela est beaucoup plus logique pour les mineurs que de recevoir une prime de minage tous les 200 ans environ.

Si les plus grands pools miniers décidaient de former un « conglomérat », ils pourraient collectivement gérer plus de 51 % du taux de hachage sur l'ensemble du réseau. Cela leur donnerait théoriquement la possibilité de mener une *attaque dite à 51 %*.[37]

En représentant la majorité, ils pourraient décider quelles transactions seraient exécutées - y compris les transactions qu'ils auraient manipulées - et lesquelles ne le seraient pas. Bien sûr, cela n'arrivera pas forcément. Mais comme la décentralisation est un élément clé de la technologie de la blockchain, il faudrait veiller à ce qu'elle ne soit pas compromise. Vous pouvez voir sur Coin Dance quels pools miniers ont extrait quel pourcentage de blocs de Bitcoin ces 7 derniers jours.[38] Et l'hypothèse que de telles attaques puissent arriver a été confirmée par des incidents récents touchant la crypto-monnaie et appelés Bitcoin Forks[39].

Les défis de la preuve de travail ne sont pas nouveaux sur la scène de la blockchain et, par conséquent, il existe des alternatives prometteuses, dont certaines sont déjà utilisées par d'autres crypto-monnaies.

La preuve de participation (Proof of stake)

Avec la *preuve de participation*, une sélection aléatoire est faite pour savoir qui est autorisé à valider le bloc suivant. Il n'y a pas de mineurs au vrai sens du terme, juste des nœuds qui vérifient seulement si les transactions existantes d'un bloc sont correctes. Après validation, ces derniers reçoivent alors les frais de minage des transactions validées - donc pas de prime de minage.

Pour être autorisé à valider en tant que nœud, un montant crypté doit être consigné sous forme de participation (stake), lequel n'est restitué qu'après un certain temps, lorsqu'il est évident qu'aucune transaction frauduleuse n'a été validée à tord. Plus le montant crypté déposé est important, plus il est probable que le bloc suivant soit validé. L'augmentation de la probabilité est une relation linéaire. Par exemple, si quelqu'un dépose un montant 10 fois plus élevé, il a 10 fois plus de chances d'obtenir le bloc suivant.

S'il s'avère que des transactions erronées ont été confirmées, le valideur perd tout ou partie de la consigne déposée. Ainsi, tant que les frais de transaction d'un bloc sont inférieurs à ceux de la consigne (participation), il n'y a aucune incitation financière pour un nœud à valider des transactions incorrectes.

En éliminant la nécessité d'acheter du matériel informatique minier coûteux, la preuve de participation incite davantage de personnes à devenir des nœuds du réseau. Ceci, à son tour, encourage la décentralisation.

Une attaque de 51% avec le procédé de la preuve de participation est hautement improbable car il faudrait que le nœud possède 51 % de la masse monétaire pour valider la transaction. En fonction du taux de change, cela peut être une somme énorme ! Si Bitcoin utilisait ce procédé, cela équivaudrait à plus de 47 milliards de dollars (51 % de la capitalisation boursière actuelle) au moment de la rédaction de ce livre.

Néanmoins, la preuve de participation n'est pas parfaite. Actuellement, il est plus facile pour les hauts patrimoines de la crypto-monnaie de valider

de nouveaux blocs et ainsi de percevoir les frais de transaction. En conséquence, ils obtiennent encore plus de coins et sont encore plus susceptibles
d'être sélectionnés. Une approche consisterait à ajouter d'autres facteurs à
la sélection aléatoire. Finalement, une plus grande expérience en matière
de preuve de participation est nécessaire pour mieux comprendre les risques et les défis et les éviter à l'avenir.

La preuve de participation est une véritable alternative à la preuve de
travail et est utilisée, par exemple, par les crypto-monnaies NEO, Lisk, PIVX
ou Stratis.

L'alternative aux mécanismes de consensus

En plus de la preuve de travail et de la preuve de participation, des expériences sont actuellement menées par certaines crypto-monnaies concernant les mécanismes de consensus. Cela concerne notamment :

Tangle

L'enchevêtrement (le Tangle) de la crypto-monnaie IOTA est conçu de sorte que toute personne souhaitant effectuer une transaction doit valider au moins deux autres transactions. Donc, il n'y a pas de blocs avec beaucoup de transactions, seulement des transactions individuelles. Plus le réseau est grand, plus les transactions seront effectuées rapidement.

Preuve de participation déléguée

Une preuve de participation déléguée consiste en un vote entre plusieurs nœuds ayant déposé une consigne. Le nœud recevant le plus de votes peut alors attacher le bloc suivant.

Preuve de brûlure

Un nœud qui « brûle » manifestement des pièces d'une autre monnaie cryptée (les rend inutilisables en les envoyant à une certaine adresse) reçoit la valeur équivalente en nouvelles pièces de la crypto-monnaie actuelle. L'idée : les coûts du nœud ne sont pas liés à l'extraction coûteuse en énergie, mais au rendement financier.

Preuve de capacité

Également appelée preuve d'espace : au lieu de calculer soi-même le bloc suivant, les nœuds stockent les solutions potentielles du bloc suivant sur leur disque dur. Imaginez que vous stockiez des billets de loterie sur votre disque dur et que celui qui possède le plus de numéros appropriés pour le bloc suivant, peut l'attacher au reste de la chaîne. Cela économise une quantité incroyable d'énergie.

Preuve d'autorité

Également appelé preuve d'identité, ce mécanisme de consensus sélectionne à l'avance les nœuds autorisés à valider des blocs. Ils sont interrogés sur leur réputation. La plupart du temps, 25 nœuds de validation suffisent pour assurer un bon déroulement.

Preuve du temps écoulé

Chaque nœud patiente durant une période aléatoire qui est exécutée dans un environnement fiable (par exemple, SGX d'Intel). Celui qui, d'après l'environnement d'exécution, est le premier dans la file d'attente, peut alors attacher le bloc suivant.

Preuve d'importance

Différents critères déterminent l'importance. Semblables à la preuve de participation, les nœuds doivent consigner un montant minimum. Plus il est élevé, plus vous êtes important. En outre, les partenaires de transaction nets et la taille de la transaction des 30 derniers jours jouent un rôle majeur pour « l'importance ». Le nœud estimé le plus important à l'instant T, peut être attaché au bloc suivant.

Ce n'est qu'avec le temps qu'il sera plus facile de savoir si ces mécanismes consensuels remplaceront ou seront combinés à la preuve de travail ou la preuve de participation.

Chapitre 3

La crypto en pratique

Les crypto-monnaies sont fondamentalement différentes de notre monnaie fiduciaire actuelle en raison de la technologie blockchain et de leur empreinte digitale. Bien que vous puissiez emporter avec vous des billets et des pièces en euros et les utiliser anonymement pour toutes les transactions légales et illégales, la préservation et l'utilisation des crypto-monnaies sont soumises à des conditions technico-cryptographiques. Au lieu d'être conservés dans des comptes courants centralisés, vos Bitcoins et autres crypto-monnaies le sont « dans » des portefeuilles.

Même si vous n'utiliserez certainement pas (et ne devriez pas) utiliser tous les portefeuilles en même temps, une compréhension de base des options qui s'offrent à vous est extrêmement importante. L'aspect sécurité et l'aspect pratique sont des critères de décision particulièrement importants que vous devez utiliser lorsque vous choisissez un portefeuille.

Dans ce chapitre, vous découvrirez les différents types de référentiels disponibles pour les crypto-monnaies et leur fonctionnement. Nous verrons ensuite quelle fonction géniale remplit la graine (seed) et comment gérer les crypto-forks. Dans la dernière partie de ce chapitre, je vous présenterai diverses utilisations brillantes de la technologie de la chaîne de blocs et des crypto-monnaies, toutes ayant un potentiel énorme. J'aimerais par-là vous montrer l'incroyable potentiel des crypto-monnaies et leur relation avec notre économie réelle. En outre, cette partie devrait vous préparer au dernier chapitre qui traite des investissements.

Un petit avertissement à l'avance : ne vous laissez pas abattre par les nombreuses possibilités du portefeuille et ne les laissez pas vous empêcher d'agir ! Au début, il est important de faire ses premières expériences et d'entrer progressivement dans le sujet de la blockchain et des crypto-monnaies.

En outre, il est possible qu'il y ait des évolutions au fil du temps. Faites-vous donc votre propre idée des possibilités et n'hésitez pas à creuser encore plus profondément le sujet en faisant des recherches sur Internet.

Les portefeuilles

Les portefeuilles sont les différentes manières de garder en sécurité votre clé privée d'une crypto-monnaie. Bien que le nom suggère que vos crypto-coins sont stockés dans une sorte de portefeuille, la signification est tout autre ! En fait, vos pièces gagnées ne quittent jamais la blockchain - quel que soit le portefeuille que vous utilisez pour conserver votre clé privée.

Cela devient évident lorsque vous comprenez que tous les comptes, c'est-à-dire les adresses publiques (dérivées de clés publiques associées à des clés privées), existent déjà depuis la naissance des crypto-monnaies. La chaîne de blocs n'enregistre que les transactions qui ont lieu, à partir de quel compte, vers quel autre compte et quand de nouvelles unités d'une crypto-monnaie (par exemple via le minage) sont versées sur un compte spécifique. La figure suivante est destinée à illustrer cela.

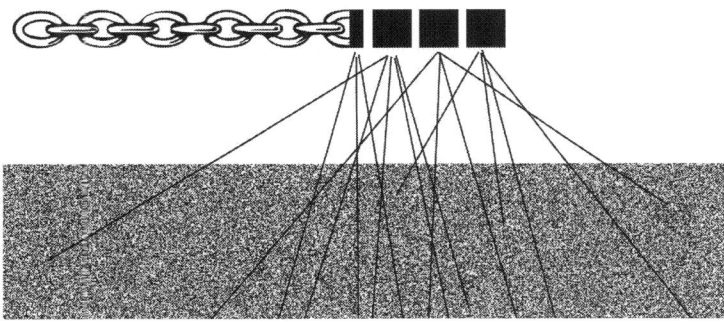

Figure 5 : une chaîne de blocs n'enregistre que le nombre d'unités cryptographiques qui sont transférées et sur quels comptes (adresses publiques). La mer (ci-dessus) représentant les possibilités d'adresses publiques, existe quant à elle déjà.

Un portefeuille ne fait rien d'autre que sauvegarder la clé privée pour vous. À partir de celle-ci, vous pouvez ensuite calculer l'adresse publique. Contrairement à un portefeuille dans la vie réelle, ce n'est pas grave si vous le perdez une fois. Cependant, uniquement s'il ne tombe pas entre les mains de quelqu'un d'autre et si vous avez conservé la clé privée à un autre endroit. Elle vous permet de prouver que vous êtes le propriétaire de l'adresse publique XYZ. La chaîne de blocs, quant à elle, qui met à disposition une copie de l'historique des transactions à l'intégralité du réseau, légitime le fait que le propriétaire d'un compte peut dépenser un certain montant crypté.

Ainsi, les Bitcoins ou autres crypto-monnaies ne peuvent jamais être perdues. On ne peut que perdre l'accès en « dilapidant » la clé privée, par exemple. Une distinction fondamentale est faite lors de la sauvegarde de la clé privée entre un stockage froid (*cold storage*) et un portefeuille chaud (hot wallet). Stockage froid signifie conserver sa clé privée dans un emplacement qui n'est pas connecté à Internet. Les portefeuilles chauds, en revanche, sont « exposés » à Internet et sont donc moins sécurisés car, en théorie, une autre personne pourrait accéder aux données.

Le stockage froid

Dans le cadre du stockage froid, vous disposez de plusieurs options pour sécuriser votre clé privée ou votre graine (dont nous parlerons plus tard). Je recommande d'utiliser le stockage froid, si vous voulez sécuriser un plus grand crypto-montant ou si vous n'allez pas l'utiliser pendant longtemps. Les options de stockage suivantes sont théoriquement possibles :

1) Mind wallets
2) Clés USB
3) Hardware wallets
4) Paper wallets

#1 Mind wallets

Utiliser un *mind wallet* signifie apprendre par cœur sa clé privée ou sa graine. Cette variante est peut-être la plus sûre, mais probablement la plus dangereuse, car vous dépendez à 100 % de votre mémoire. Le risque d'oublier - en particulier suite à une longue période - est tout simplement trop grand.

#2 Clés USB

La *clé USB* est en effet un moyen de sauvegarder sa clé privée (sous forme de fichier texte), mais ce n'est pas le bon ! Bien que vous puissiez placer cette clé USB dans un véritable coffre-fort, le risque est antérieur notamment au moment d'enregistrer les données sur la clé. Pour cela vous devez la connecter à un ordinateur. Lors de la création du fichier, il est même possible que votre ordinateur l'enregistre sur son propre disque dur dans un dossier temporaire. Le fichier navigue également dans la mémoire principale, donc théoriquement, la clé privée pourrait être exploitée. De plus, des ondes magnétiques pourraient endommager les données présentes sur la clé par la suite. Il en va de même pour les CD ou les anciens ordinateurs qui ne sont pas non plus un bon moyen de stockage, notamment parce qu'ils pourraient un jour tout simplement devenir illisibles.

#3 Hardware wallets

Les *hardware wallets* ont été développés spécialement pour stocker les clés privées. Les hardware wallets sont au sens strict un mélange de stockage froid et de portefeuille chaud, car indirectement, ils rendent possible le fait d'envoyer des cryptos. Leur particularité est que la clé privée est stockée dans une zone protégée, à la manière d'un microcontrôleur. Pour cette raison, même si le hardware wallet est connecté à un ordinateur, il ne peut pas être lu en clair. Cela protège la clé privée en même temps contre les virus ou autres logiciels malveillants (selon les connaissances actuelles). Souvent, le logiciel qui fonctionne avec le hardware wallet est *open source*. Cela signifie que n'importe qui peut voir le code et s'assurer qu'il n'a pas de porte dérobée, de faille de sécurité ou autre.

Outre tous ses avantages, un hardware wallet présente également deux inconvénients. Premièrement, toutes les crypto-monnaies ne sont pas prises en charge. Mais tout de même une grande partie d'entre elles. La crypto-monnaie la plus connue, Bitcoin, est cependant à ma connaissance supportée par tous. Le deuxième inconvénient est que les hardware wallets coûtent cher. Cependant, plus vous placez de l'argent dans des crypto-monnaies, plus ce petit investissement est rentable comme mesure de sécurité. C'est donc à vous de décider à partir de quand cela en vaut la chandelle. J'utilise moi-même un hardware wallet (Ledger Nano S), dont je suis très satisfait.

Les bonnes marques connues pour les hardware wallets incluent :
- Trezor : *https://shop.trezor.io*
- Ledger : *https://www.ledger.com/?r=28be0509a3c3**

#4 Paper wallets

Un *paper wallet* est totalement gratuit et généralement encore plus sécurisé qu'un hardware wallet. Utiliser un paper wallet signifie écrire sa clé privée ou sa graine sur un morceau de papier et le garder en sécurité dans la vie réelle. Il est plus logique de générer sa clé privée et son adresse publique hors ligne, de manière à ne laisser aucune trace de celles-ci. Si vous ne créez pas votre clé privée en toute sécurité, le paper wallet lui-même n'est pas sécurisé. Bien que vous puissiez stocker (et partager) votre adresse publique sur votre ordinateur, votre clé privée ne peut, elle, pas être sauvegardée ailleurs que sur une (ou plusieurs) feuille(s) de papier. Oubliez les impressions, copies, photos ou numérisations, car une copie pourrait se retrouver dans la mémoire cache et être stockée.

Les points suivants doivent être pris en compte lors de l'utilisation d'un paper wallet :

- Créez une clé privée ou une graine avec l'adresse publique associée. La meilleure façon de le faire est d'utiliser un générateur aléatoire hors ligne ou, par exemple, d'enregistrer la page suivante *https://www.bitaddress.org/* hors ligne, se déconnecter d'Internet, créer sa clé privée, l'écrire sur un bout de papier, enregistrer l'adresse publique sur son ordinateur.[40] Une alternative pour créer la clé consiste à utiliser les portefeuilles officiels des crypto-monnaies respectives.

- Utilisez un crayon pour noter votre clé privée ou votre graine car ils tiennent mieux dans le temps que, par exemple, les stylos. La couleur pourrait s'estomper avec le temps. Le papier doit également être aussi épais que possible car un peu plus résistant. Il est préférable d'écrire la clé privée sur plusieurs papiers et de les ranger à plusieurs endroits. Vous disposez ainsi d'une copie si jamais un bout de papier était mis à la poubelle ou perdu. Vous pouvez par exemple laisser des copies dans un coffre-fort personnel ou d'une banque ou chez une personne de confiance comme un parent ou un frère ou une sœur. Le plus sûr, bien entendu est qu'aucune tierce personne ne reçoive une partie ou la totalité du paper wallet.

• Évitez de changer la clé en l'écrivant pour la rendre « encore plus sûre ». Après une longue période, il est fort probable que vous ne vous souviendrez pas de vos modifications. Vous n'aurez par conséquent plus du tout accès à vos coins.

• Vous pouvez également protéger le bout de papier en le plastifiant ou en le plaçant dans une fermeture à glissière en plastique. Si vous souhaitez le faire de manière professionnelle, vous pouvez alors commander un kit de gravure, comme sur Seedmaster (*https://seedmaster.io/*). Là-bas, vous gravez vos graines sur des plaques de métal, qui résistent même au feu et à l'eau. Une autre bonne alternative est d'obtenir une clé privée sécurisée de Coinfinity et de l'Imprimerie d'Etat autrichienne imprimée sur un porte-cartes : *https://www.cardwallet.com/?ref=klhe**.

De plus, rappelez-vous de ne pas créer de version numérique de votre clé privée. Cela annulerait complètement la sécurité de votre paper wallet !

En fait, à partir du moment où vous envoyez de l'argent sur votre paper wallet, les risques augmentent. Cela est dû au fait que vous devez nécessairement être en ligne pour envoyer l'argent et que vous devez renseigner votre clé privée quelque part. À cet instant, théoriquement, quelqu'un d'autre pourrait l'intercepter. Ainsi, même si votre adresse publique peut recevoir beaucoup d'argent, vous devriez changer votre paper wallet à chaque fois que vous transférez des coins sur un autre compte.

Techniquement, vous le faites simplement en créant un nouveau paper wallet et en transférant les coins restants que vous n'avez pas envoyés au destinataire dans le nouveau portefeuille. Vous garantissez ainsi une sécurité maximale.

Les inconvénients d'un paper wallet résident principalement dans sa création complexe, mais pas impossible. Il est judicieux d'utiliser un paper wallet pour les montants conséquents que vous souhaitez garder le plus en sécurité possible. Enfin, il y a un risque que quelqu'un qui trouve votre paper wallet ait un accès direct à vos « cryptos ». C'est pourquoi il est encore plus important de bien réfléchir aux endroits où vous stockerez vos copies.

Les portefeuilles chauds

Les portefeuilles chauds incluent tous les portefeuilles qui génèrent une clé privée ou stockent une clé privée et une adresse publique et qui sont « exposés » à Internet. Il s'agit de logiciels en local ou basé sur le cloud (également appelé *portefeuille léger*), qui peuvent être utilisés par exemple sur un ordinateur, un téléphone ou une tablette. Ils sont « chauds » parce qu'en théorie ils pourraient être interceptés par une autre personne sur Internet. Cela pourrait être le cas si votre ordinateur était infecté par des logiciels malveillants. Les portefeuilles chauds conviennent donc mieux aux petits montants et aux épargnes à court terme.

Presque tous les précédents « piratages » et vols de Bitcoins ou d'autres monnaies cryptées peuvent être attribués à l'utilisation de portefeuilles chauds - même s'il est parfois dit aux informations que « la blockchain a été piratée ». Cela n'est pas encore arrivé et n'arrivera probablement jamais. Si cela se produisait, d'autres systèmes supposés sécurisés, tels que le protocole Internet HTTPS, ne le seraient pas non plus, car ils utilisent un cryptage similaire. Nous aurions alors probablement des problèmes très différents.

Parmi les portefeuilles chauds, on trouve :

1) Desktop wallets
2) Mobile wallets
3) Cloud wallets oder web wallets
4) Exchanges (Bourses crypto)

#1 Desktop wallets

Un *desktop wallet* ne peut être utilisé qu'avec un ordinateur. Vous téléchargez un programme - le portefeuille - et y stockez votre clé privée pour vos Bitcoins ou *Altcoins*.[41] Cela vous permet d'afficher votre solde et d'exécuter des transactions. Bien que le desktop wallet soit rarement volé physiquement, il est plus probable que le piratage soit effectué via Internet.

Un desktop wallet est aussi sécurisé que l'ordinateur sur lequel il est installé.

Les principaux avantages d'un desktop wallet sont sa facilité de téléchargement, de gestion et ses mises à jour régulières. Si vous souhaitez utiliser un desktop wallet, vous devez absolument effectuer des sauvegardes régulières. La plupart des gens oublient ça. Ainsi, si votre ordinateur venait à tomber en panne un jour, vous ne perdrez pas l'accès à vos coins Certains desktop wallet prennent également en charge la connexion à un hardware wallet. Vous trouverez ici un aperçu des desktop wallet recommandés et actuellement disponibles :

	Open Source	Interface esthétique	Altcoins acceptés	Hardware wallets	Version smartphone
Electrum	X	X	-	X	X
Exodus	-	X	X	-	-
Copay	X	X	-	-	X
Armory	X	X	-	X	-

Bien sûr, je ne peux assumer aucune responsabilité pour ces portefeuilles - leurs propriétés peuvent en théorie changer à tout moment. Néanmoins, ils sont à mon avis de très bons portefeuilles chauds. Le caractère open source garantit également que pratiquement aucun code nuisible ne s'infiltre dans le programme, car il peut être visualisé par tout le monde Electrum et Armory sont également censés être plus sûrs. Le fait que ces deux derniers prennent en charge les hardware wallet est également un atout. Cependant, Exodus ou Coapay sont peut-être plus appropriés pour commencer et « se faire la main » car ils sont plus intuitifs et graphiquement plus beaux.

Quel que soit le portefeuille choisi, je vous recommande ce qui suit :

• Procédez à des mises à jour de sécurité régulières !

• Installez un pare-feu et un programme antivirus sur votre ordinateur et maintenez-le à jour.

• Installez des mises à jour régulières du logiciel de votre portefeuille dès qu'elles sont disponibles ou automatiquement.

• Si possible, activez des mesures de sécurité supplémentaires (par exemple, un mot de passe, une signature multiple ou autre).

• Faites régulièrement une copie de sauvegarde de votre portefeuille.

#2 Mobile wallets

Un *mobile wallet* s'installe sur votre smartphone. Il existe généralement une version pour Android (APK) et iPhone (iOS). Bien qu'il soit pratique d'avoir toujours vos coins à portée de main, les mobile wallets posent de plus grands risques en matière de sécurité. Ceci est principalement dû au fait que votre téléphone portable peut facilement être volé, détruit ou cassé. En outre, ils sont connectés à Internet et donc exposés à des attaques par des pirates informatiques. Il est facile d'imaginer d'autres vulnérabilités, telles que Bluetooth. Tout comme les desktop wallets, vos coins sur un mobile wallet sont aussi sécurisés que le système d'exploitation lui-même. Si votre téléphone a un virus ou un cheval de Troie, cela pourrait signifier la disparition de vos coins.

Les avertissements de sécurité peuvent vous sembler exagérés (après tout, beaucoup de gens utilisent des mobile wallets), mais rien n'est plus agaçant que de perdre tous ses coins alors qu'on ne s'y attend pas. Comme avec tous les portefeuilles chauds, vous ne devez donc enregistrer qu'un nombre raisonnable de coins sur un mobile wallet. J'ai compilé ci-dessous un aperçu des mobile wallets recommandables pour vous. Comme avec tous les portefeuilles chauds, je ne peux assumer aucune responsabilité.

	Open Source	Simple d'utilisa-tion	Altcoins acceptés	Hardware wallets	Desk-top ou version Web
MyCelium	X	X	(X)	X	-
BreadWallet	X	X	X	-	-
Jaxx	-	X	X	-	X
Coinomi	-	X	X	-	(X)

MyCelium se distingue des autres car il prend en charge l'intégration des hardware wallets. Le fait que vous n'ayez pas à enregistrer la clé privée sur le portefeuille de votre téléphone mobile rend tout cela beaucoup plus sûr. Actuellement, seul le Bitcoin est pris en charge, mais la connexion avec d'autres crypto-monnaies est en cours. Si vous envisagez de vous procurer un mobile wallet, vous devez absolument examiner de plus près ces quatre candidats. Alors que MyCelium et BreadWallet sont des projets open source plus fiables en soi, pour Jaxx et Coinomi attendez encore qu'ils fournissent une version de bureau ou Web. Au moment où j'écris ce livre, Coinomi travaille toujours une version.

Si vous vous procurez un mobile wallet, notez les conseils suivants :

• Effectuez des mises à jour de sécurité régulières sur votre smartphone.
• Utilisez si possible une application antivirus et un pare-feu.
• Mettez à jour l'application mobile dès qu'une nouvelle version est disponible. Plus vous attendez, plus le danger est grand.
• Utilisez des mesures de sécurité supplémentaires, telles qu'un code PIN pour la protection du portefeuille.
• Sauvegardez votre clé privée ou vos graines sur un paper wallet au cas où.
• Ne détenez jamais de grandes quantités de coins avec ce type de portefeuille !

De plus, toutes les wallet apps ne sont pas vérifiées par Google Play. Par conséquent, méfiez-vous des fausses applications qui veulent simplement vider le solde de votre compte. Ne téléchargez pas de no-name-wallet et rendez-vous sur le site officiel de l'éditeur pour le télécharger.

#3 Cloud wallets

Les *portefeuilles Web, Cloud* et *autres portefeuilles en ligne* sont ceux auxquels vous pouvez accéder uniquement par Internet. En même temps, cela signifie que vous ne détenez pas la clé privée, mais qu'elle est simplement stockée dans un portefeuille en ligne. Vous pouvez ensuite accéder aux coins avec un mot de passe et d'autres mesures de sécurité, telles que l'authentification à deux facteurs (2FA)[42] . Les avantages (et les inconvénients) d'un portefeuille en ligne existent avant tout dans la protection de l'utilisateur contre lui-même et dans la praticabilité. Celui qui ne veut pas s'occuper de sa clé privée, ne risque ainsi pas de la perdre. Votre portefeuille en ligne et les clés privées sont protégés et stockés par une entreprise de la même façon que vos coordonnées bancaires ou vos courriels le sont. Il n'est pas nécessaire de créer un paper wallet.

Les portefeuilles en ligne sont tellement conviviaux et pratiques que l'on sous-estime rapidement les risques que l'on peut courir en les utilisant. Le gros inconvénient est que vous ne détenez pas la clé privée de vos cryptos et que vous dépendez donc à 100 % d'un tiers. Vous ne savez finalement pas si vos données (clés privées) sont réellement en sécurité. En outre, les serveurs des fournisseurs de portefeuilles en ligne sont bien entendu des cibles prisées des pirates. S'ils parviennent à accéder à la liste des clés privées, ils peuvent alors vider tous les comptes en une fois. C'est un risque énorme à ne pas sous-estimer.

À mon avis, les deux seuls portefeuilles Cloud notables sont Bitcoin.de et Coinbase - bien qu'il existe bien entendu beaucoup plus de fournisseurs, je ne les connais pas tous et, par conséquent, je ne préfère pas les recommander. Ce qui est pratique, c'est que vous pouvez acheter des Bitcoins directement avec vos euros. Ce serait donc votre meilleur point d'entrée pour vous procurer des Bitcoins ou des Ethereum[43].

L'inscription chez Bitcoin.de a pris beaucoup plus de temps (un compte auprès de la banque Fidor doit être ouvert) que chez Coinbase. Ce qu'il y a de bien, sur ces deux portails est qu'ils ne contiennent qu'une fraction des Bitcoins échangés dans des portefeuilles chauds. Par mesure de sécurité, la plus grande partie est, en effet, conservée à différents endroits via du stockage froid. Bien que cela mette plus en confiance, les serveurs de ces deux sociétés restent des cibles prisées. Si vous achetez une grosse quantité de Bitcoins sur ces deux portails, il est préférable d'envoyer les fonds à l'adresse d'un paper wallet sécurisé auquel vous seul pouvez accéder.

#4 Exchanges (Bourses)

Les exchanges sont des bourses crypto sur lesquels de nombreuses crypto-monnaies différentes, parfois des centaines d'entre elles, peuvent être échangées. Les exchanges sont aussi des portefeuilles en ligne - vous ne connaissez donc pas la clé privée des crypto-monnaies que vous détenez sur ces derniers. L'énorme avantage des exchanges est qu'ils sont extrêmement pratiques et leur design est très esthétique. Ils affichent, par exemple, l'évolution des cours d'une grande variété de paires crypto sous forme de graphiques. On se sent ainsi plongé dans une ambiance à la Wall Street.

Chaque crypto-bourse répertorie différentes crypto-monnaies, il est donc tout à fait possible de vous inscrire à plusieurs exchanges. Vous répartissez ainsi les risques si un exchange est touché par une attaque de pirates informatique. Cela peut paraître exagéré, mais ça ne l'est pas. Un cas de ce type s'est par exemple produit lorsque le plus grand exchange de devises (en volume) de l'époque, MtGox, a dû être enregistré en 2014. À l'époque, l'équivalent d'un demi-milliard de dollars US s'était envolé ![44] Lors d'un autre piratage en 2016, des Bitcoins d'une valeur de 72 millions de dollars US à l'époque ont été dérobés sur la plateforme Exchange Bitfinex. Bitfinex a toutefois réussi à indemniser ses clients concernés un an plus tard.[45]

Un vol majeur eut également lieu en 2018 : en janvier, l'équivalent de 530 millions de dollars US a été volé sur le NEM (crypto-monnaie). Plus précisément 260 000 clients de la bourse japonaise Coincheck qui y détenaient des NEM ont perdu tout leur argent. Selon ses propres déclarations, la Bourse s'est rendue responsable de 90 % des pertes de ses clients.[46]

Le processus KYC (Know Your Customer, en français : connaissez votre client) oblige, pour des raisons de sécurité et pour éviter le blanchiment d'argent, que vous vous légitimiez lors de votre inscription à une Bourse. Pour ce faire, vous devez généralement télécharger une photo d'identité (votre carte d'identité ou passeport), et parfois aussi une photo de vous-même, ainsi qu'un justificatif de domicile. À ce stade, vous remarquerez que vous n'êtes pas aussi anonyme que beaucoup pourraient le penser.

Les exchanges sont parfaitement adaptés afin d'acquérir une expérience initiale. Vous pouvez investir de petites sommes dans des crypto-monnaies pour lesquelles vous ne devez pas créer de porte-monnaie supplémentaire. Si vous souhaitez conserver de plus grandes quantités, vous devez absolument recourir à un stockage froid.

Jusqu'à présent, j'ai eu de bonnes expériences avec les exchanges suivants :
- Coinbase Pro : *https://pro.coinbase.com/*
  L'exchange de Coinbase. Vous pouvez directement virer de l'argent ou des coins de votre compte Coinbase sur l'exchange. Actuellement, seules quelques crypto-monnaies sont prises en charge.
- Binance : *https://www.binance.com/?ref=23392398* *
  L'un des plus grands exchanges avec un bon backend adapté aux débutants et avancés. Il est possible d'échanger toute une variété de crypto-monnaies.
- Cryptopia : *https://www.cryptopia.co.nz/*
  Petite Exchange qui répertorie souvent des crypto-monnaies plus rares.
- Kraken: *https://www.kraken.com/*
  Un exchange de taille moyenne qui est bien connu.

Sur la page https://coinmarketcap.com, vous pouvez également afficher les plus grandes bourses en termes de volume de transactions.

À l'avenir, les Bourses décentralisées joueront un rôle de plus en plus important car elles sont sécurisées de manière décentralisée par la technologie de la chaîne de blocs. Avec elles, les hackers n'ont pas une seule et unique cible et sont donc plus fébriles. Les Bourses cryptos décentralisées doivent encore passer l'épreuve du temps et être suffisamment testées mais elles représentent à mon avis une alternative intéressante aux bourses classiques.

BitShares est une Bourse bien connue et décentralisée :
https://bitshares.org/

Qu'est-ce qu'une graine ?

Les clés privées sont un élément cryptographique central de vos crypto-monnaies. Leur gros inconvénient est qu'il faut une clé privée différente pour chaque crypto-monnaie. Ce serait donc un exploit logistique de pouvoir garder toutes ces clés en sécurité. C'est exactement pour cette raison que les graines dites « *Mnemonic Seeds* » ont été introduites en 2013 dans le cadre du BIP-0032 (*Bitcoin Improvement Proposal*, en français : Proposition d'amélioration Bitcoin). À partir d'une graine, on peut obtenir une multiplicité de clés privées pour différentes crypto-monnaies. Elles permettent donc de sauvegarder vos clés privées. En outre, elles sont aussi utilisées dans les portefeuilles déterministes, dont nous parlerons plus tard.

Les mnemonic seeds sont constituées d'un certain nombre de mots, principalement 12 ou 24, choisis au hasard dans le vocabulaire d'une langue. En anglais, par exemple, il existe une liste de 2048 mots à partir desquels une graine peut être créée. Sur Internet, vous trouverez[47] les listes de mots correspondant à différentes langues. Voici[48] un outil gratuit open source permettant de générer une graine en fonction de besoins spécifiques. Jetez-y un coup d'œil juste pour vous faire votre propre avis.

Une graine à douze chiffres pourrait par exemple ressembler à ceci :
Talk amateur wolf zone grow cement lion snake solve unique leg egg

En fonction des mots et de l'ordre dans lesquels ils apparaissent dans la graine, la finalité donne des clés privées très différentes. Il ne suffit donc pas de mémoriser ou d'écrire les mots individuellement, il faut également connaître leur ordre exact. La particularité est que vous pouvez extraire vos clés privées de la graine, quel que soit le portefeuille. À mon avis, il n'y a aucune raison de ne pas utiliser une mnemonic seed.

Le graphique suivant illustre le fonctionnement d'une graine :

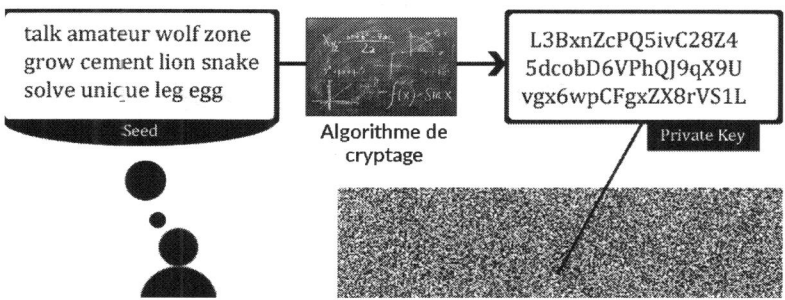

Figure 6 : l'utilisateur n'a qu'à mémoriser la graine et peut en extraire les clés privées à tout moment. La clé privée individuelle peut à son tour déplacer les unités de cryptage dans son adresse publique spécifique - représentée ici par un point dans la mer des adresses publiques possibles.

Puisque, en théorie, toute personne connaissant la graine peut accéder à vos cryptos, vous devez la conserver en lieu sûr. Pour cela, référez-vous aux conseils donnés dans le chapitre sur les paper wallets. Voici quelques conseils à propos de votre graine :

- Ne transmettez jamais la graine.
- Ne la stockez pas sous forme électronique.
- N'entrez la graine nulle part sur Internet.

À l'heure actuelle, la plupart des portefeuilles prennent en charge les mnemonic seeds, en particulier ceux dans lesquels vous pouvez « conserver » plusieurs crypto-monnaies. Les graines sont extrêmement importantes pour les portefeuilles déterministes.

Qu'est-ce qu'un portefeuille déterministe ?

Les portefeuilles pour plusieurs crypto-monnaies sont appelés *porte-feuilles déterministes* lorsqu'ils utilisent une graine pour extraire les différentes clés privées des crypto-monnaies. L'astuce consiste en ce qu'ils peuvent également extraire une variété d'adresses publiques pour les nouvelles transactions. Chaque nouvelle adresse publique est générée à partir de la précédente. Avec la clé privée, il est alors possible que vous puissiez accéder à toutes les adresses publiques extraites. Le portefeuille vérifie non seulement si votre première adresse publique contient des Bitcoins, mais également les adresses qui en sont extraites. En tant qu'utilisateur, vous ne remarquez rien à ce processus. Vous ne constatez que l'utilisation d'un portefeuille déterministe, car l'adresse publique que vous affichez change constamment.

L'avantage des portefeuilles déterministes réside dans leur sécurité et leur confidentialité. Étant donné qu'un nouveau compte est créé virtuellement pour chaque encaissement, le montant total de Bitcoin que vous possédez est divisé en différentes adresses publiques. Cela vous donne une protection supplémentaire contre les piratages ou les collisions d'adresse. De plus, la blockchain est très transparente. On pourrait théoriquement déterminer rapidement combien d'argent un utilisateur possède au total en observant les paiements entrants sur une adresse publique. L'utilisation de nouvelles adresses de réception rend alors cette tâche beaucoup plus difficile.

Les *portefeuilles déterministes hiérarchiques* (HD wallet) sont une évolution des portefeuilles déterministes. Il caractérise également la structure hiérarchique dans laquelle une clé privée maîtresse (également appelée clé racine) est générée à la première étape. De cette clé, de nombreuses clés privées sont extraites, chacune ayant sa propre adresse publique. Dans la pratique, on ne se rend compte de rien, car il suffit de se souvenir de la graine et le reste est pris en charge par le portefeuille.

La figure suivante illustre le fonctionnement des portefeuilles HD :

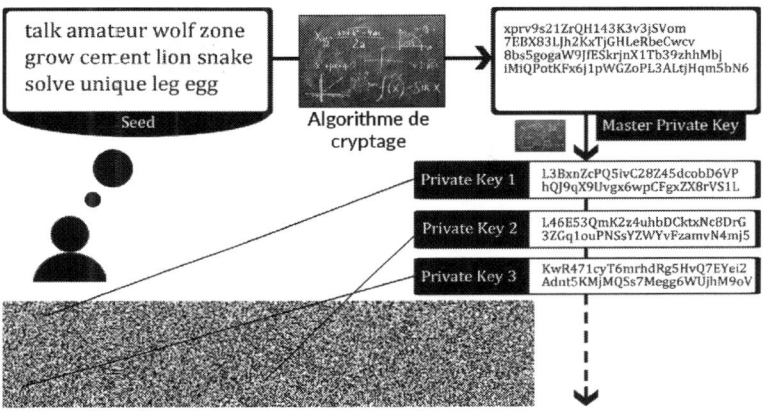

Figure 7 : même avec un portefeuille HD, l'utilisateur a juste à se souvenir de la graine. La première étape consiste à créer une clé privée maîtresse à l'aide du chiffrement cryptographique. Celle-ci peut ensuite être utilisée pour générer théoriquement un nombre infini de clés privées et leurs adresses publiques.

Tous les portefeuilles qui supportent une graine sont généralement aussi des portefeuilles déterministes. En fonction du fournisseur de portefeuille, différentes versions de la graine sont utilisées. Les plus couramment utilisés sont « BIP32 » et « BIP44 ».

Qu'est-ce qu'un Forks ?

Dans le cas d'une blockchain, des modifications du protocole sous-jacent peuvent se produire. Cela se produit lorsque la majorité estime que
c'est une amélioration et accepte donc le nouveau protocole. Tôt ou tard,
tout le monde adopte ce nouveau protocole. Dans ce cas, nous parlons d'un
soft fork. En d'autres termes, c'est une mise à jour du protocole blockchain.

En revanche, dans le cas d'un *hard fork*, la majorité des participants
n'est pas d'accord avec le nouveau protocole. Dans ce cas, il se passe quelque chose d'intéressant : les deux protocoles continuent de fonctionner en
parallèle et une nouvelle crypto-monnaie se crée. En fonction de la popularité ou non de ces deux crypto-monnaies, il est possible que l'une d'elles disparaisse complètement par la suite. Le hard fork le plus célèbre, où
les deux crypto-monnaies continuent de fonctionner avec succès, est celui
qui donna naissance à l'Ethereum Classic (ETC) en 2016, branche de l'Ethereum (ETH).

La particularité d'un hard fork est qu'en tant qu'épargnant, vous disposez du même nombre de coins dans les deux crypto-monnaies après que le
fork a eu lieu. Cela est dû au fait que les deux crypto-monnaies ont le même
historique jusqu'à la scission, y compris le solde de votre compte. Avec un
hard fork, il est extrêmement important que vous possédiez vous-même la
clé privée. Avec une seule et même clé privée, vous pouvez donc contrôler
vos coins sur les deux blockchains. Si vous ne connaissez pas la clé privée
parce que vous détenez la crypto-monnaie sur un exchange, vous ne pourrez pas accéder aux nouveaux coins de la nouvelle crypto-monnaie issue du
fork. Veillez donc à vérifier avant un fork que c'est bien vous qui détenez la
clé privée.

Cependant, il peut également arriver que suite à un fork, une toute nouvelle crypto-monnaie basée sur un code différent apparaisse. Dans ce cas
l'historique des transactions n'est pas repris. C'est ce qui s'est passé, par
exemple, en 2011, lorsque Charlie Lee, un ancien employé de Google, a
proposé une amélioration du protocole Bitcoin. En plus d'un nouvel algorithme de minage (Scrypt au lieu de SHA256), de nouveaux blocs devai-

ent être créés plus rapidement (toutes les deux minutes et demie au lieu de toutes les dix minutes) et le nombre maximum de coins devait être limité à 84 millions au lieu de 21 millions. Dans ce cas, le code Bitcoin fut simplement copié et la crypto-monnaie Litecoin (LTC) fit son apparition. Elle commença sur un nouveau bloc Genesis 0, tout comme Bitcoin à sa naissance. Alors que beaucoup considèrent le Bitcoin comme l'or numérique, le Litecoin, lui, est souvent considéré comme l'argent numérique.

Quels sont les domaines d'application ?

Bien que le Bitcoin soit la meilleure crypto-monnaie connue, ce n'est nullement la seule. Il existe maintenant environ 2 000 crypto-monnaies différentes ! Bien sûr, il n'est pas nécessaire de toutes les connaître, mais investir dans des crypto-monnaies revient à choisir les candidats les plus attrayants.

Afin de vous donner des premières pistes, j'aimerais vous présenter quelques crypto-monnaies qui servent un certain domaine d'application. Si vous êtes plus intéressé par une crypto-monnaie en particulier, vous devrez certainement faire des recherches plus en détail sur Internet et, en particulier, examiner les critères d'investissement du chapitre 4.

Moyen de paiement

Ces crypto-monnaies ont été inventées dans le but de gagner de l'argent. Avec ces dernières, vous pouvez acheter des biens et des services ou simplement faire un virement à une autre personne.

Les crypto-monnaies qui entrent dans ce champ d'application sont :
- Bitcoin (BTC)
- Litecoin (LTC)
- Bitcoin Cash (BCH)
- Bitcoin Gold (BTG)

Confidentialité (Privacy Coins)

Les *privacy coins* sont une petite amélioration des crypto-monnaies utilisées comme moyen de paiement. La grande différence réside dans le fait que les participants à ces crypto-monnaies restent anonymes. En fonction du coin, il n'est pas possible de savoir qui l'a envoyé ni combien il en a envoyé.

Les crypto-monnaies qui entrent dans ce champ d'application sont :

Les crypto-monnaies qui entrent dans ce champ d'application sont :

- Dash (DASH)
- Monero (XMR)
- Zcash (ZEC)
- PIVX (PIVX)
- NavCoin (NAV)
- CloakCoin (CLOAK)
- Enigma (ENG)
- DeepOnion (ONION)

Plateformes

Les crypto-monnaies en tant que plateformes sont à mon avis particulièrement intéressantes. Elles fournissent la blockchain avec d'autres crypto-monnaies. Les nouvelles entreprises peuvent donc profiter de l'infrastructure de la chaîne de blocs d'une telle crypto-monnaie sans avoir à se soucier elles-mêmes de la validation des blocs. C'est le cas, par exemple, si vous créez des applications distantes (dApps) ou une nouvelle crypto-monnaie basée sur un ensemble de contrats intelligents.

Ces nouvelles crypto-monnaies sont aussi appelées jetons et peuvent représenter un bien économique, un actif ou une valeur patrimoniale. Comme vous pouvez l'imaginer, il peut s'agir théoriquement de nombreuses choses - par exemple, les inscriptions au registre foncier, les actions ou d'autres revendications de propriété.

L'Ethereum est la première et la plus connue des plateformes blockchain de crypto-monnaie avec ses *contrats intelligents* (smart contracts). Les contrats intelligents sont aussi « intelligents » que leur nom l'indique : ils sont automatiquement exécutés dès que des événements spécifiques se produisent, quelles que soient les parties prenantes. Avec eux, vous pouvez vous passer d'intermédiaire et faire confiance à l'exécution neutre du code.

Les crypto-monnaies qui entrent dans ce champ d'application sont :

- Ethereum (ETH)
- Ethereum Classic (ETC)
- NEO (NEO)
- EOS (EOS)
- Cardano (ADA)
- Tezos (XTZ)
- Lisk (LSK)
- Stratis (STRAT)
- Counterparty (XCP)

Internet des objets

Les crypto-monnaies évoluant dans ce domaine ont fait de l'*Internet des objets* (IoT) leur fleuron. Toutes ces crypto-monnaies n'utilisent pas la technologie blockchain. IOTA, par exemple, utilise le dénommé Tangle, qui n'est pas basé sur une chaîne de blocs.

Un exemple d'application est, par exemple, la communication entre votre voiture et un parking. Votre voiture peut, grâce à cette crypto-monnaie, payer automatiquement les frais de stationnement sans que vous ayez à sortir votre portefeuille. Globalement, il s'agit de communication de machine à machine. La majorité des projets concerne l'industrie ainsi que les projets de *ville intelligente* et d'*énergie intelligente*.

Les crypto-monnaies qui entrent dans ce champ d'application sont :
- IOTA (MIOTA)
- IoT Chain (ITC)
- Atonomi (ATMI)
- IoTeX (IOTX)

Logistique

Dans le domaine de la logistique, certaines entreprises souhaitent assurer un contrôle complet de la chaîne d'approvisionnement à l'aide de la technologie blockchain et de puces RFID (puces d'identification à l'aide d'ondes électromagnétiques). Ainsi, le client sait toujours exactement où se trouve son produit. En outre, il existe, entre autres, dans le domaine médical, certains produits (médicaments) qui ne doivent pas dépasser ou descendre en dessous d'une certaine température. La température d'un produit spécifique peut être surveillée de près grâce aux puces RFID et écrite directement dans la blockchain.

Les crypto-monnaies qui entrent dans ce champ d'application sont :
- Waltonchain (WTC)
- VeChain (VET)
- WaBi (WABI)

Stockage décentralisé dans le cloud

Une autre application intéressante est le stockage décentralisé dans le cloud. Avec ces crypto-monnaies, vous pouvez acheter ou fournir de l'espace de stockage selon vos besoins. L'astuce : les fichiers n'arrivent jamais complètement chez un hôte, mais sont auparavant divisés en plusieurs petites parties (et copiés à plusieurs reprises).

Cela garantit un niveau de sécurité particulièrement élevé, en particulier par rapport aux fournisseurs traditionnels de stockage dans le cloud. Avec ceux-là, théoriquement, un pirate informatique peut accéder au serveur et voler en une fois les fichiers de nombreux clients. Alors que si quelqu'un pirate une personne utilisant le stockage cloud décentralisé, il recevra tout au plus un fragment de fichier.

Si vous souhaitez utiliser vous-même le stockage décentralisé dans le cloud, c'est-à-dire pas seulement investir dans ce domaine, vous devez alors vous assurer que votre propre ordinateur est protégé contre les attaques de pirates informatiques.

Les crypto-monnaies qui entrent dans ce champ d'application sont :
- Siacoin (SC)
- Filecoin (FIL)
- Storj (STORJ)
- MaidSafeCoin (MAID)
- Swarm (SWM)

Superordinateur

Ce domaine d'application tire parti du fait que de nombreuses personnes n'utilisent pas suffisamment la puissance de calcul de leurs ordinateurs. Les participants à ces crypto-monnaies peuvent ainsi mettre à disposition de l'ensemble du réseau leurs capacités informatiques, notamment celle du processeur et de la mémoire vive. Il en résulte un superordinateur avec une énorme puissance de calcul !

Ceux conduisant de grands projets pour lesquels des calculs complexes sont nécessaires peuvent alors acheter cette puissance de calcul. Le gros avantage : vous ne devez pas investir vous-même dans un matériel informatique coûteux. Les domaines d'application comprennent l'analyse de données (Big Data), le machine learning, l'intelligence artificielle ou la recherche scientifique.

Les crypto-monnaies qui entrent dans ce champ d'application sont :
- Golem (GNT)
- SONM (SNM)

Réseaux sociaux

La blockchain veut aussi révolutionner le domaine des médias sociaux : les crypto-monnaies évoluant dans ce secteur veulent permettre aux utilisateurs d'envoyer rapidement et facilement une petite somme aux créateurs de contenu de qualité. Cela pourrait améliorer les médias sociaux, car cela inciterait davantage à créer du contenu intéressant. De plus, cela motive les participants à interagir. Ainsi, ils ont plus le sentiment de faire partie d'un tout et d'être en mesure d'influencer.

Les crypto-monnaies qui entrent dans ce champ d'application sont :
- Steem (STEEM)
- ReddCoin (RDD)

Jeux et divertissement

La blockchain offre une multitude de possibilités pour répondre à cette méga tendance des jeux et du divertissement. Les crypto-monnaies, qui peuvent être utilisées dans un jeu décentralisé, en sont un bon exemple. Avec elles, vous pouvez acheter ou vendre des objets ou même des blocs de paysage entiers. Certaines crypto-monnaies sont même utilisées sur de grandes places de marché où les visiteurs s'échangent entre eux des articles de jeux connus.

Les crypto-monnaies qui entrent dans ce champ d'application sont :
- WAX (WAX)
- DMarket (DMT)
- Decantraland (MANA)
- TaTaT (TTU)
- TRON (TRX)

Bourses décentralisées

En raison des risques de piratage par des hackers d'une Bourse centrale et de vole de tous les fonds des clients, l'idée d'une Bourse décentralisée est née. La grande différence par rapport aux Bourses classiques : les fonds des clients ne sont pas tous sur un serveur, mais bien protégés par la technologie blockchain décentralisée.

Les crypto-monnaies qui entrent dans ce champ d'application sont :
- BitShares (BTS)
- Waves (WAVES)
- OmiseGo (OMG)
- IDEX Membership (IDXM)
- 0x (ZRX)
- Loopring (LRC)

Jetons d'exchange

Dans cette catégorie figurent les crypto-monnaies des Bourses crypto. Vous bénéficiez de frais réduits lorsque vous payez avec le jeton de la Bourse, plutôt qu'en euros ou avec d'autres crypto-monnaies. Cela permet d'augmenter la demande de leur propre monnaie.

Les crypto-monnaies qui entrent dans ce champ d'application sont :
- Binance Coin (BNB)
- Huobi Token (HT)
- Bibox Token (BIX)

Banques et fintech

Quiconque pense que les banques ne veulent pas bénéficier de la technologie blockchain fait mauvaise route ! Certaines crypto-monnaies ont pour objectif d'améliorer le système bancaire actuel grâce à la blockchain ou de prendre en charge certains services financiers.

Les crypto-monnaies qui entrent dans ce champ d'application sont :
- Ripple (XRM)
- Stellar (XLM)
- TenX (PAY)
- SALT (SALT)
- DAI (DAI)
- PayPie (PPP)

Autres domaines d'application

La comptabilité

Partout où nous aurions normalement besoin d'un notaire ou lorsque des informations particulièrement sensibles doivent être stockées, la technologie de la chaîne en bloc offre un grand potentiel d'amélioration. Vous pouvez donc très bien imaginer que, par exemple, les inscriptions au registre foncier, la comptabilité complète d'une administration municipale, votre dossier médical, vos brevets ou vos avoirs soient sécurisés dans un avenir proche par la blockchain.

Sécurité et identité

Il serait très pratique de stocker des données d'identification sur la blockchain. D'une part, elles ne pourraient ni se perdre ni expirer, d'autre part, nous pourrions nous identifier rapidement et facilement sur Internet ou ailleurs.

Construction automobile

Outre les améliorations apportées par la logistique et l'Internet des objets, l'industrie automobile, par exemple, peut bénéficier de meilleurs systèmes de verrouillage permettant, par exemple, d'établir une connexion sécurisée entre un téléphone mobile et une voiture. Une autre possibilité serait la lecture sans manipulation du kilométrage et l'historique des réparations effectuées pour une voiture particulière.

Marchés

La technologie blockchain pourrait être utilisée pour révolutionner les places de marché existantes. Ne plus avoir à payer des frais élevés aux intermédiaires, cela a beaucoup de potentiel. Les places de marché concernées pourraient être, par exemple, eBay, Amazon, Uber, AirBnB, etc. Reste à savoir si ces entreprises trouveront elles-mêmes une solution avec la technologie de la chaîne de bloc et se « révolutionneront », si elles seront remplacées ou si elles s'affirmeront dans leur forme actuelle grâce à des services spéciaux.

Intelligence artificielle

Enfin, il y a le domaine passionnant de l'intelligence artificielle (IA). Des projets comme SingualirtyNET (AGI) travaillent sur une intelligence artificielle qui peut être louée à la demande. Dans le même temps, cette intelligence artificielle démocratique devient plus intelligente et meilleure à mesure qu'elle analyse les données d'utilisation de ses utilisateurs.

Chapitre 4

Investir dans la crypto

Il est temps de profiter du crypto-boom ! Mais avant de prendre le « vrai » argent entre vos mains, vous devez savoir une chose : n'investissez que l'argent que vous êtes prêt à perdre. Investir dans des crypto-monnaies, c'est faire du capital-risque et il est possible de tout perdre à cause de la volatilité extrême des prix.

Même si la blockchain est peut-être une réussite, cela ne signifie pas automatiquement que toutes les crypto-monnaies vont survivre. C'est plutôt le contraire : à l'instar de ce qu'il s'est passé à la naissance d'Internet, plus de 99 % des nouvelles entreprises échoueront dans le secteur de la crypto. Semblable à la bulle Internet qui a éclaté en 2000, le secteur de la cryptographie connaîtra également un important ajustement. Les gagnants seront les nouveaux Google, Amazon, Apple et Facebook du futur, bénéficiant de la méga tendance cryptographique.

Selon une étude de YouGov, environ 3 % des Français ont investi dans des crypto-monnaies.[49] Pour les 25-34 ans, c'est même 16 %. Le potentiel est énorme ! À titre de comparaison : dans le domaine des actions, environ 7 % des Français ont investi dans des actions. Comme investir dans une crypto-monnaie est rendu facile grâce au boom de la crypto et à des applications conviviales, le nombre de crypto-investisseurs dépassera dans quelques années de loin celui des investisseurs en actions - selon mes propres prévisions.

Dans ce chapitre, nous allons ensemble passer en revue les premières étapes pour investir dans le Bitcoin & Co. Nous examinerons ensuite les critères d'investissement pertinents que vous pouvez appliquer à toutes les crypto-monnaies. Outre l'aspect fiscal et les considérations stratégiques importantes, nous verrons aussi trois idées d'investissement intéressantes en détail. En outre, je vous montrerai d'autres moyens de participer au boom de la crypto et vous présenterai mes 5 règles d'investissement dans la crypto. À la fin de ce chapitre, vous aurez un aperçu du futur de la technologie de la chaîne de blocs et des crypto-monnaies.

Les premières étapes

La première étape concrète dans l'univers crypto est généralement la plus difficile. D'un côté, il y a des débutants qui se précipitent dans l'aventure crypto au risque de perdre tout leur argent rapidement. De l'autre, il y a ceux qui veulent que tout soit parfait dès le début. En conséquence, ils courent le risque de ne rien faire car ils s'obstinent à ce que toutes les options aient été définies dans les moindres détails. Pourtant au début, il est préférable de laisser le perfectionnisme de côté et de passer à l'action. Vous collectez ainsi vos premières expériences avec de petites sommes d'argent et obtenez un aperçu du monde de la cryptographie. Freinez-vous si vous commencez à dépasser votre budget. Si vous souhaitez placer des sommes plus importantes ultérieurement, vous devez à nouveau réfléchir aux options possibles à tête reposée.

Étape 1 : se doter d'un portefeuille

Avant de pouvoir acheter des crypto-monnaies, vous avez besoin d'un portefeuille. Je vous recommande de commencer par un portefeuille chaud et facile d'utilisation, même s'il n'est pas aussi sécurisé que le stockage froid. Le mieux est que vous vous inscriviez directement chez deux ou trois fournisseurs. D'une part, parce que le processus d'inscription peut être plus long chez certains et d'autre part, vous avez plus de souplesse et vous pouvez envoyer vous-même les premiers Bitcoins.

J'ai eu une très bonne expérience utilisateur avec Coinbase et Binance.[50] À mon avis, les deux plateformes sont très conviviales et professionnelles. Bien sûr, la décision finale vous appartient. Peut-être avez-vous déjà commencé à chercher des portefeuilles au cours de votre lecture du chapitre précédent.

Pour terminer le processus d'inscription, la plupart des fournisseurs exigent que vous justifiiez votre identité. Ils demandent généralement une carte d'identité ou un passeport et justificatif de domicile, telle qu'une facture de téléphone.

Certains fournisseurs exigent également que vous preniez une photo de vous et de votre carte d'identité.

Étape 2 : déposer de la monnaie fiduciaire

Une fois que vous avez un compte actif, vous aurez besoin de quelques euros pour acheter vos premiers bitcoins (ou une partie de ceux-ci). Chez Coinbase, par exemple, vous transférez de l'argent de votre compte courant vers le compte bancaire de Coinbase. Avec d'autres fournisseurs, vous pouvez également lier directement une carte de crédit. Mais je ne vous recommande pas la dernière méthode car vous pourriez agir « trop vite » et contracter « automatiquement » un emprunt.

Il faut environ 1 à 5 jours ouvrables pour que la monnaie fiduciaire arrive sur votre compte Coinbase. Une fois qu'il est arrivé, vous bénéficiez ensuite des taux de transfert rapides habituels pour blockchain lors de l'achat et de la vente de crypto-monnaies.

Étape 3 : Achetez la crypto-monnaie de référence

Bien que vous puissiez maintenant acheter de plus en plus de crypto-monnaies directement avec de la monnaie fiduciaire, nombre d'entre elles ne peuvent être obtenues que via un échange direct contre des Bitcoins ou des Ether. Ce sont les deux crypto-monnaies ayant la plus grande capitalisation boursière. Lorsque ce livre a été publié, le Bitcoin avait une capitalisation boursière d'environ 100 milliards de dollars et Ethereum d'environ 20 milliards de dollars. Ces deux crypto-monnaies sont pour ainsi dire devenues une sorte de monnaie de référence pour toutes les autres crypto-monnaies.

Lorsque vous achetez vos premiers Bitcoins et Ethers, rappelez-vous de documenter vos achats et vos ventes dès le début. Bien que ces opérations soient généralement enregistrées par les différents prestataires, vous économisez la fastidieuse recherche d'information au moment de la déclaration d'impôts et du calcul de votre rendement.

Vous pouvez faire cela facilement sur un tableau Excel. Vous y entrez la date, la somme investie en euros, le taux de change reçu, le Bitcoin ou l'Ether reçu et, dans le meilleur des cas, les plus-values.

Étape 4 : envoyer des Bitcoins / Ether

Félicitations - à la quatrième étape, vous êtes déjà le fier propriétaire de vos premiers Bitcoins ! Maintenant, vous êtes sur le point de vous envoyer vos premiers Bitcoins. Pour cela, vous avez besoin de l'adresse publique de votre compte destinataire. Vous pouvez facilement l'afficher en consultant le portefeuille censé recevoir les coins.

Important : chaque crypto-monnaie a sa propre adresse de réception. Oubliez toute de suite l'idée de vous envoyer, par exemple, des IOTA sur votre adresse publique Bitcoin ou quelque chose de similaire.

Pour effectuer la transaction, il ne vous reste plus qu'à spécifier dans le portefeuille l'adresse de réception de l'autre compte, à partir du compte qui contient la crypto-monnaie. Par exemple, vous pouvez envoyer un petit montant en Bitcoins de votre compte Coinbase à votre compte Binance. Pensez que certains fournisseurs n'autorisent qu'un montant minimal pour les virements et facturent éventuellement des frais minimes.

Les adresses (Bitcoin, Ethereum, Litecoin) ressemblent à ceci :
BTC : 3QRHpG8N9Rg3nCP5Z3eBQL7MD31YBEK9xu
ETH : 0x726A0502CFB2688ea32E87CaE5014468846E9f58
LTC : MQ3duQy2t3FWCR6bxts6EJANhfV7hnBy7P

Une fois que vous avez envoyé les Bitcoins, cela peut prendre plusieurs heures, selon le volume, jusqu'à ce qu'ils arrivent. Un moment de vérité : si vous avez fait une faute de frappe lors de la saisie de l'adresse publique, vous perdez alors toutes les coins envoyés ! Alors vérifiez à deux reprises les informations.

Si vos Bitcoins sont arrivés en toute sécurité sur une Bourse, vous pouvez continuer à les utiliser pour acheter d'autres crypto-monnaies échangées sur cette Bourse.

Étape 5 : sécuriser les crypto-monnaies

Si vous avez terminé vos achats, gardez vos coins en lieu sûr. Théoriquement, les petits montants que vous êtes prêt à perdre, peuvent rester sur la place boursière. Pour des raisons pratique et de sécurité, vous devriez d'abord envoyer un petit montant d'une Bourse crypto à une adresse plus sûre, dont vous seul connaissez la clé privée. Si vous ne l'avez pas déjà fait, créez votre premier paper wallet ou utilisez un hardware wallet.

N'oubliez pas que les adresses des différentes crypto-monnaies ont une apparence différente et que vous avez besoin d'une adresse publique distincte pour chaque crypto-monnaie dérivée de la clé privée. Le moyen le plus simple consiste à utiliser une graine à partir de laquelle vous pouvez toujours extraire les différentes adresses.

Commencez par envoyer un petit montant à votre nouvelle adresse pour voir si tout fonctionne bien et si le montant arrive. Si tout est en ordre, vous pouvez maintenant envoyer des montants plus importants à votre nouvelle adresse et les sécuriser.

Critères d'investissement

Avant d'investir « à grande échelle » dans des crypto-monnaies, vous devez vous informer sur les différents coins. Chaque crypto-monnaie a des caractéristiques et des utilisations différentes. Il n'est pas toujours facile d'obtenir des informations utiles. Ce qui est très différent, par exemple, des sociétés par actions établies qui ont l'obligation régulière de publier leurs chiffres clés. De plus, il faut faire attention à ne pas tomber dans un « scam » (une escroquerie).

En outre, jusqu'à présent, les crypto-monnaies ne sont pas des parts de société (c'est-à-dire des actions de sociétés crypto). Vous n'achetez qu'une monnaie virtuelle. Chaque monnaie a sa propre spécificité. Selon leur popularité et leur champ d'application, ces formes de paiement virtuelles peuvent augmenter et diminuer en valeur. Un « crypto-investissement » se rapproche donc plus de la spéculation sur les devises ! Ayez conscience de cela lorsque vous décidez du montant que vous voulez investir : un crypto-investissement ne devrait être effectué qu'avec du capital-risque.

Sachant que la plupart des crypto-monnaies vaudront probablement zéro un jour, vous devriez émettre quelques réflexions fondamentales AVANT d'investir. Bien sûr, vous pouvez également réaliser des bénéfices à court terme en faisant du trading (en négociant) rapidement, mais je vous le déconseille. Vous devrez d'abord rembourser les frais de transaction et les taxes - sans parler du stress généré par la forte volatilité ! À mon avis, il est rentable d'investir davantage à moyen et à long terme, en particulier dans le secteur de la crypto.

Vous devez documenter soigneusement vos transactions et les déclarer aux impôts à la fin de l'année. Il est préférable de noter directement le montant des frais de transaction respectifs.

Lorsque vous comparerez différentes crypto-monnaies, les critères de distinction suivants vous aideront à prendre une décision sur le potentiel de succès respectif.

Vous pouvez alors prendre une décision d'investissement « au mieux de vos connaissances ».

Critère de distinction

Chaque bonne entreprise a un argument de vente unique. C'est quelque chose que l'entreprise fait, peut, permet ou fournit et qui la distingue clairement des autres entreprises. Ce n'est qu'ainsi qu'elle pourra réussir à long terme, car avec son argument de vente unique, elle résout un *réel problème* pour ses clients. C'est la même chose avec les crypto-monnaies. Ce n'est pas parce qu'on les appelle « monnaie » que toutes vont révolutionner les systèmes de paiement.

Par exemple, avec la crypto-monnaie WAX, vous pouvez acheter et vendre des actifs virtuels de jeux vidéo. Cela peut être une épée qu'a obtenue un joueur après des semaines de jeu et qu'il veut maintenant vendre pour gagner de l'argent.

VeChain (VEN), qui utilise la technologie Blockchain pour toutes les stations de la chaîne d'approvisionnement, est un autre exemple. Avec Golem (GNT), vous pouvez louer ou mettre en location une puissance de calcul. Le critère de distinction de Siacoin (SIA) est le stockage décentralisé dans le cloud. Chacun peut louer son espace disque contre des SIA ou télécharger ses propres fichiers qui sont ensuite « coupés » en petits morceaux et envoyés sur de nombreux ordinateurs. Et sur la plateforme Lisk (LSK), des applications décentralisées peuvent être créées à l'aide de JavaScript.

Comme vous pouvez le constater, il existe une multitude d'idées novatrices qui ont toutes leur raison d'être. Cependant, il reste à voir quelles crypto-monnaies survivront dans cet éco-système. À l'avenir, la question sera également de savoir quels domaines d'application seront couverts par les crypto-monnaies existantes plus développées et plus anciennes ? Est-il même nécessaire de créer une nouvelle crypto-monnaie pour une nouvelle application ?

Ici, il s'agit de comprendre comment les crypto-monnaies ou plutôt les sociétés sous-jacentes mettent en avant leur argument de vente unique et prennent ainsi de l'avance grâce à une forte demande.

Masse monétaire

Le contrôle de la masse monétaire constitue un élément fondamental de toute monnaie. Ce n'est pas pour rien que Mayer Amschel Rothschild, fondateur de la dynastie bancaire Rothschild, a déclaré :

> *« Donnez-moi le contrôle de l'argent d'une nation et je me fiche de savoir qui fait ses lois. »*

Tandis que la masse monétaire des monnaies fiduciaires du monde entier est contrôlée par les banques centrales et, au bon vouloir, augmentée ou diminuée, les crypto-monnaies ont été construites de manière très différente. Deux aspects en particulier jouent un rôle crucial. Premièrement, est-ce possible et comment de créer de nouveaux coins ? Et deuxièmement, est-ce que les coins sont « préminés » ? En effet, si le propriétaire possède 50 % et plus des coins dès le lancement d'une crypto-monnaie, cela pourrait indiquer une fraude. Bien sûr, il existe quelques exceptions, mais vous devez être prudent, poser des questions, faire des recherches, etc.

En ce qui concerne la masse monétaire, il existe des crypto-monnaies telles que Bitcoin ou Litecoin qui ont plafonné le montant maximum disponible. Dans le cas de Bitcoin le plafond est à 21 millions de BTC et pour le Litecoin à 84 millions de LTC. Cela crée de la confiance et engendre des tendances déflationnistes. Si ces crypto-monnaies survivent (et ça sera sûrement le cas à mon avis), elles prennent toujours plus de valeur à mesure que la demande augmente.

Alors que les banques centrales autorisent l'inflation, afin d'ajuster la masse monétaire aux gains de productivité de l'économie, dans le cas du Bitcoin et du Litecoin, la masse monétaire reste constante. Cela signifie inévitablement que la même quantité constante de coins doit être distribuée à un nombre croissant de personnes qui en font la demande. Cela conduit à des augmentations de prix par rapport aux monnaies fiduciaires pondérées en fonction de l'inflation qui valent moins chaque mois (par rapport au volume des biens). Les crypto-montants perdus contribuent au reste.[51]

Les autres crypto-monnaies ont une masse monétaire plafonnée qui peut être levée de temps à autre. D'autres n'ont pas de limite supérieure. Ces deux variantes présentent l'avantage qu'une crypto-monnaie peut croître avec la demande (utilisation), sans que le prix soit immédiatement faussé pour tous les autres participants.

Par exemple, dans le cas d'Ethereum, où des contrats intelligents peuvent être créés et exécutés automatiquement, le prix de l'Ether (l'Ether est l'unité émise par Ethereum) monterait alors en flèche avec chaque utilisateur supplémentaire. Ceci, à son tour, constituerait un argument en faveur de tous les utilisateurs contre l'utilisation de l'Ethereum, car ils devraient payer un taux de change toujours plus élevé pour l'utiliser. C'est l'une des raisons pour lesquelles la masse monétaire de l'Ethereum n'a pas été limitée.

Spécifications techniques

Chaque crypto-monnaie a des caractéristiques techniques différentes. Elles influencent à moyen et à long terme sur le fait que la crypto-monnaie sera un succès ou non. Si un concurrent a de meilleures caractéristiques, il est alors plus difficile pour une crypto-monnaie donnée de l'emporter.

Le fait qu'elle soit **open source** est un point important pour beaucoup. Si elle est « open source », tout le monde peut voir le code et celui-ci est produit et amélioré de façon publique. Cela garanti donc que seul le code le plus important est conservé et qu'aucune bêtise n'est faite. En revanche, si une crypto-monnaie est programmée de manière centralisée, aucun outsider ne sait ce qu'il contient réellement. Théoriquement, les données utilisateur pourraient être exploitées ou toute « amélioration » introduite pour optimiser les résultats (financiers).

Bien sûr, il existe aussi de nombreuses crypto-monnaies qui sont pro-grammées de manière centralisée par une équipe très bien intentionnée. En outre, la programmation centralisée permet de prendre des décisions plus rapidement et d'introduire plus vite des mises à jour. Essayez simple-ment de remettre le caractère open source dans son contexte et de le com-parer avec des crypto-monnaies similaires évoluant dans le même secteur.

Le taux de hachage du réseau et la manière dont les blocs sont validés (mécanisme de consensus) fournissent des informations sur l'**évolutivité des transactions**. Même si l'évolutivité ne fait pas tout, il faut prendre en compte le fait que le Bitcoin ne supporte actuellement que 3-4 transac-tions par seconde (TPS), alors que des Visa atteignent plusieurs milliers de TPS. Cette vérité donne à réfléchir. Enfin, avec l'intérêt croissant, le bon fonctionnement de la crypto-monnaie doit être garanti. L'Ethereum crée actuellement environ 15 TPS. Selon le développeur Vitalik Buterin, on tra-vaille actuellement sur plusieurs solutions en vue d'une évolutivité. Si le *Sharding* (permet d'organiser de manière horizontale la répartition des données) et le *Plasma* pouvaient être réalisés, alors même un million de TPS serait possible pour Ethereum.[52] On travaille aussi actuellement sur le *réseau Lightning* qui vise à résoudre le problème de l'évolutivité du Bitcoin. Mais il n'est pas encore prêt. D'autres crypto-monnaies sont beaucoup plus avancées en termes de vitesse de transaction. Par exemple, en juillet 2018, EOS a géré plus de 3 000 TPS aux heures de pointe en utilisant le méca-nisme de consensus de la *preuve de travail déléguée*.[53]

Produit fonctionnel

Une étude publiée en août 2018 sur les 100 plus grandes cryp-to-monnaies en termes de capitalisation boursière a également donné un résultat intéressant : seulement 36 % d'entre elles ont déjà un produit fonctionnel.[54] Avoir un produit fonctionnel est un critère de réussite très important pour une crypto-monnaie, car comment garantir la demande d'une crypto-monnaie si rien ne peut être fait avec ? Une telle carence ne peut être compensée que par des partenaires puissants ou une grande communauté, ce qui permet de répondre à la demande future. Quiconque dispose d'un produit fonctionnel a non seulement créé les conditions de base nécessaires à construction d'une communauté, mais aussi à un avenir financier pérenne de son entreprise. Parce que presque aucune crypto-monnaie ne survivra si elle crée uniquement de plus en plus de coins à partir de rien.[55]

À l'inverse, les 64 % restants ont été investis pour d'autres bonnes causes, espérons-le. Il se peut que certains d'entre vous soient sur le point de lancer un tel produit. Mais les entreprises produisant ces crypto-monnaies doivent encore prouver qu'elles répondent à une demande réelle, c'est-à-dire qu'elles peuvent résoudre un problème existant.

Équipe et fondateur

La ou les personne(s) qui se cachent derrière une crypto-monnaie ne sont pas toujours directement visible(s). Cependant, si aucune information n'est donnée sur le fondateur, cela devrait vous interroger. Pourquoi quelqu'un voudrait-il se cacher, en particulier à une époque où les médias sociaux sont extrêmement importants et peuvent même être utilisés de manière très efficace en tant qu'outil de communication et de marketing ? Une bonne et honnête entreprise ne se cachera pas !

Donner des informations est une chose, leur qualité en est une autre. J'entends par là le parcours et les compétences du fondateur. Est-ce qu'il ou elle a déjà travaillé dans des entreprises de la tech bien connues ? Est-ce une forte personnalité médiatique avec de nombreux fans ? Que disent les autres à propos de cette personne ?

La même chose s'applique à l'équipe du fondateur (ou des fondateurs). Existe-t-il une équipe puissante avec des personnalités fortes ? Ce n'est que si l'équipe dans son ensemble est convaincue, qu'un crypto-projet sera couronné de succès à long terme !

La communauté

La communauté derrière une crypto-monnaie joue également un rôle clé. Enfin et surtout, le succès du Bitcoin réside dans le fait que les gens croyaient en l'idée de Satoshi. Cette idée commune les a soudés[56] et les a amenés à croire en Bitcoin et à y croire encore aujourd'hui. Cette conviction à elle seule a permis une croissance régulière de la communauté, une demande soutenue et des développeurs du monde entier travaillant à l'amélioration de la blockchain Bitcoin. Un effet positif, devenant exponentiel, où chaque membre de la communauté est simultanément un ambassadeur qui apporte avec passion la grandeur de cette crypto-monnaie au monde.

Sans une communauté de fans enthousiastes, une crypto-monnaie est pratiquement sans valeur. Même les meilleures idées et applications ne seront d'aucun secours si la crypto-monnaie n'est utilisée par personne. Seule une forte demande de la part de quelques utilisateurs (acteurs majeurs) peut assurer le succès d'une crypto-monnaie.

De même, le critère de la communauté pour un crypto-investissement est rempli si un nombre important de personnes utilisent la crypto-monnaie aux fins pour lesquels elle a été pensée.

Le meilleur exemple de l'énorme pouvoir de la communauté, à mon sens, est celui de la crypto-monnaie Dogecoin. Celle-ci n'a rien de révolutionnaire d'un point de vue technique, mais une mascotte amusante : un chien japonais de la race Shiba Inu, souvent utilisé comme mème. Dogecoin est actuellement classé n° 20 en capitalisation boursière, notamment grâce à sa communauté de gens amusants et sympathiques ! Cela est remarquable et rend ironiquement le sujet de la crypto-monnaie plus sympathique et humain. Devez-vous investir dans des Dogecoin maintenant ? La décision vous appartient, mais je pense que c'est extrêmement risqué.

Partenariats

Des partenaires de coopération forts ou bien connus sont d'une grande importance pour une bonne crypto-monnaie. Ceux-ci permettent de créer une communauté et de créer une demande pour une crypto-monnaie spécifique. Dernier point mais non le moindre, c'est une situation gagnant-gagnant pour les deux parties qui se soutiennent mutuellement et bénéficient de la croissance de l'autre. Des partenariats bien connus existent, par exemple, pour les crypto-monnaies suivantes.

Bitcoin

En plus des nombreuses sociétés inconnues acceptant désormais le Bitcoin, telles que le magasin de jardinage situé au coin de ma rue, des sociétés bien connues telles que Microsoft, Overstock, DISH Network et PayPal acceptent maintenant les paiements en bitcoins.

Ethereum

Outre le fait que les éthers sont de plus en plus acceptés comme moyen de paiement,[57] il existe l'unique *Enterprise Ethereum Alliance*. Il s'agit d'un consortium de plus de 500 organisations ou entreprises de divers secteurs qui cherchent à accélérer l'intégration et l'utilisation de l'Etherum. Certains des membres réputés sont Microsoft, Intel, J.P. Morgan, BP, ING Diba, UBS, CreditSuisse, Santander, BBVA, Thomson Reuters, CME Group et Mastercard.

IOTA

De nombreuses entreprises sont également impressionnées par IOTA. Parmi les partenaires ou les entreprises qui mettent en œuvre des projets IOTA, on compte entre autres Volkswagen, Innogy, le gouvernement thaïlandais, Bosch, Cisco, la banque américaine, Deutsche Telekom, Fujitsu et Olso Medtech.

Ripple

Grâce à ces partenariats avec des grands noms du secteur bancaire qui l'ont intégré dans leurs systèmes de paiement, le XRP (Ripple) a pu faire les gros titres des journaux. Ces alliances concernent notamment American Express, Santander et Money-Gram International.

Stellar

Bien que Stellar soit peu connu, il a réussi à établir un partenariat avec IBM et Deloitte.

Bien entendu, peu de crypto-monnaies ont des partenariats aussi connus que ceux que nous venons de mentionner. Il est important, d'une part, que des alliances existent, d'autre part, il faut aussi prêter une attention particulière à qui sont ces partenaires et dans quelle mesure ils peuvent promouvoir la croissance d'une crypto-monnaie.

Comme vous pouvez le constater, il y a un grand nombre de critères différents qui doivent tous être pris en compte lors d'une décision d'investissement. Pensez aux critères qui sont les plus importants pour vous.

Outre ceux mentionnés ci-dessus, vous devez également prendre en compte la **capitalisation boursière** et d'**autres informations**. Une règle empirique dit : plus la capitalisation boursière est grande, plus la crypto-monnaie est stable. Mais ne vous fiez pas non plus trop à cela, car cela peut changer assez rapidement, surtout dans le domaine de la crypto. Enfin, avant d'investir, vous devriez non seulement vous informer en profondeur sur la crypto-monnaie qui vous intéresse, mais également demander l'avis d'autres personnes. De plus, vous devez aussi tenir compte du fait que les informations que l'on trouve sur Internet sont parfois très subjectives et ont pour but principal de vendre. Ce n'est pas parce que quelqu'un crie plus fort qu'il a automatiquement raison.

Quelques suggestions :

• Regardez plusieurs vidéos sur YouTube à propos d'une devise spécifique (et ses concurrentes). Jetez également un coup d'œil aux commentaires en dessous de la vidéo dans lesquels d'autres personnes donnent leur avis sur l'éditeur de la vidéo.

• Rejoignez le groupe officiel d'une devise spécifique sur Facebook ou Telegram. Ainsi, vous savez rapidement si la communauté est forte ou non.

• Lisez des articles de portails sur la crypto bien connus sur le Net.

• Parlez des crypto-monnaies avec votre cercle d'amis.

• Rejoignez mon groupe de discussion sur Facebook réservé aux lecteurs de ce livre. Nous partageons et échangeons nos idées d'investissement. [58]

Les impôts et les crypto-monnaies

La taxation des crypto-monnaies a été simplifiée par la loi de finances 2019. Vous êtes taxé sur vos plus-values de l'année N-1 (vous pouvez déduire vos moins-values). Si vous avez fait beaucoup de transactions, la déclaration peut être longue. Je précise que je ne suis pas conseiller fiscal et que par conséquent, je n'assume aucune responsabilité pour les informations fournies sur la base de mes recherches pour l'imposition en France. Par ailleurs, si vous habitez dans un autre pays, je vous invite à vous renseigner sur les modalités de déclaration.

Tout d'abord, bonne nouvelle : depuis 2019, les plus-values sont taxées au taux unique de 30 % (prélèvements sociaux inclus) et vous pouvez déduire les moins-values. Vous pouvez même bénéficier d'une exonération si la somme globale des cessions (la plus-value) est inférieure ou égale à 305 €. Mais vous devez quand même remplir une déclaration. C'est pourquoi je vous conseille vivement de garder une trace de toutes vos transactions, y compris la date, le prix d'achat et les frais. Cela facilitera beaucoup votre déclaration et vous fera gagner un temps précieux.

Cependant, il existe une exception : si on vous applique la contribution exceptionnelle des hauts revenus (CEHR), le taux unique est porté à 33 ou 34 %. Cela concerne les personnes dont le revenu fiscal de référence dépasse 250 000 €. Avec l'outil cryptio.co vous pouvez gérer votre portefeuille et obtenir un rapport fiscal. C'est très pratique.

Par ailleurs l'administration exige que les contribuables déclarent les comptes détenus à l'étranger. Si vous avez un exchange (portefeuille) sur Coinbase ou Kraken vous devez le déclarer. Les sanctions prévues par l'administration fiscale sont lourdes.

Votre stratégie d'investissement

Il y a plusieurs façons d'investir dans les crypto-monnaies. D'abord et avant tout, vous devez savoir clairement combien d'argent vous souhaitez placer. Personnellement, je pense que la somme totale ne devrait représenter que 5 à 15 % de votre patrimoine. Cependant, cela dépend entièrement de votre profil de risque ! Vous ne devez en aucun cas investir de l'argent dont vous avez besoin au cours des cinq prochaines années ou que vous n'êtes pas prêt à perdre.

Si vous êtes plus jeune et que vous n'avez pas une grande fortune, vous pouvez, à mon avis, investir un pourcentage plus élevé de votre patrimoine. La raison en est simple : si vous êtes jeune, vous avez théoriquement plus de temps devant vous pour faire face à des pertes plus importantes. D'autre part, les pertes totales peuvent être récupérées plus rapidement à posteriori grâce un travail approprié.[59] Néanmoins, cela ne signifie pas que vous n'avez plus besoin de faire vos devoirs et que vous n'êtes plus obligé de réfléchir à ce que vous faites avec votre argent ! Cela reste mon opinion personnelle. Au final, c'est vous qui décidez ce qu'il y a de mieux pour vos actifs !

En outre, beaucoup de personnes pensent qu'elles doivent investir d'un seul coup tout leur « crypto-capital ». C'est une mauvaise idée à mes yeux car les cours sont vraiment très volatils ! Je pense qu'il est beaucoup plus logique d'investir d'abord un tiers de l'objectif de 5 % de vos actifs, et après quelques mois (ou lorsque cela se justifie) les deux tiers restants. Ce « remixage » de votre capital a l'avantage de vous donner de la flexibilité et il vous permet, si nécessaire, d'acheter de meilleurs crypto-monnaies si le cours de celles que vous possédez chute. Vous obtenez ainsi un prix de revient moyen (aussi appelé *effet de coût moyen*).

La valeur des crypto-monnaies

La grande difficulté dans le secteur de la crypto est qu'il est très complexe de donner une valeur aux crypto-monnaies. C'est certainement l'une des raisons pour lesquelles Warren Buffet ne souhaite pas investir dedans. Personne ne connait vraiment leur valeur exacte. Les actions sont à cet égard complètement différentes. Elles constituent un *capital productif,* c'est-à-dire des sociétés générant mois après mois un flux de trésorerie. Les actifs de l'entreprise (machines, brevets, etc.) peuvent être évalués avec une grande précision. Dans l'univers crypto, par contre, nous savons seulement que beaucoup de personnes sont actuellement disposées à payer le prix X pour la monnaie cryptée Y. C'est pourquoi le fait d'investir dans un *produit fonctionnel* est si important. Ce n'est que si la demande pour une crypto-monnaie est sécurisée qu'elle peut être pérenne ! Actuellement, de nombreuses crypto-monnaies sont davantage spéculatives - soyez donc prudent !

Horizon de placement

Fondamentalement, dans le monde de la crypto, deux personnages s'opposent : les day traders (investisseurs actifs) et les holders (investisseurs long terme). Alors que les traders actifs tentent rapidement d'obtenir une surperformance, les hodlers préfèrent leur transat et n'effectuent que peu de transactions. Le terme HODLn s'est établi dans l'univers crypto comme synonyme de holden, c'est-à-dire conserver, et résulte d'une faute de frappe d'un investisseur Bitcoin. Depuis, la majorité de la communauté crypto utilise le mot HODL pour évoquer une stratégie simple d'achat et de conservation.

En raison de la forte et rapide fluctuation des prix, il est extrêmement difficile, voire impossible, de négocier au bon moment (apogée ou point bas). À cela s'ajoutent des informations incomplètes qui sont aussi inégalement distribuées. Bien qu'il y ait suffisamment de traders actifs, leurs performances ne sont généralement pas meilleures si on les compare à la croissance du Bitcoin. Sans oublier les frais de transaction et les taxes. C'est pourquoi je plaide en faveur de l'horizon de placement à moyen et long terme. J'entends par là que vous devriez investir dans des crypto-monnaies prometteuses, qui existeront probablement encore dans 1 à 3 ans. Bien entendu, dans le cadre de cette stratégie d'achat et de conservation, vous pouvez également effectuer des ajustements de temps en temps (avec certaines crypto-monnaies, c'est même recommandé), mais ne spéculez pas à court terme sur la survenue d'événements. Vous pourriez très rapidement perdre tout votre argent.

Méthodes d'investissement

En raison du manque d'informations sur la valeur d'une crypto-monnaie, il n'y a que deux approches réalistes à mon avis. J'évoquerai aussi une troisième approche que je n'approuve toutefois pas. À votre avis, quelle approche cela pourrait être ? Les méthodes d'investissement sont les suivantes :

1) Investissez dans très peu de crypto-monnaies
2) Investissez dans beaucoup de crypto-monnaies
3) Investissez dans quelques crypto-monnaies

Idée d'investissement 1

La raison est simple : il y a maintenant tellement de crypto-monnaies que vous perdez rapidement une vue d'ensemble. Qui peut vérifier les 2 000 crypto-monnaies de manière approfondie ? Sans prendre en compte le déficit d'information dont nous parlions plus haut. Se concentrer sur très peu de candidats est logique avant tout pour des raisons de temps. Ainsi, vous pouvez vous tenir informé régulièrement sans devoir y consacrer beaucoup de temps.

Il est également statistiquement prouvé qu'une augmentation ou une baisse du Bitcoin entraîne l'ensemble du marché de la crypto vers le haut ou le bas. Ayez conscience que nous sommes toujours au début de la méga-tendance de la *blockchain & des crypto-monnaies*. Beaucoup pensent même (et moi aussi d'ailleurs) que c'est le début d'un nouvel âge dont nous ne pouvons pas encore tous prendre la mesure. Quelle crypto-monnaie est faite pour rester ? Laquelle passera l'épreuve du temps ?

Personnellement, je pense que le Bitcoin et l'Ethereum, qui se sont imposées comme une sorte de monnaie de référence, sont devenues indispensables. Elles ont le grand avantage d'avoir pris une avance considérable et d'avoir une grande communauté. Bien qu'elles doivent encore maîtriser leurs défis, si elles les surmontent, la plupart des autres «

no-name » crypto-monnaies pourraient disparaître ! Beaucoup d'entre elles deviendront tout simplement superflues. Ce ne serait pas la première fois dans l'histoire que le *premier arrivé*[60] l'emporte.

Bien que je pense qu'il y aura en effet beaucoup d'autres crypto-monnaies en plus du Bitcoin et de l'Ethereum, ces deux sociétés sont assurées du maintien de leur statut de monnaie de référence. De plus, les programmeurs des deux crypto-monnaies sont particulièrement sensibles aux questions de sécurité et stabilité. À mon avis, toutefois, les cours ne monteront plus autant que lors des premières années, car le prix d'entrée est maintenant beaucoup plus élevé qu'auparavant. Dans le tableau suivant, je montre le rendement annuel du Bitcoin.

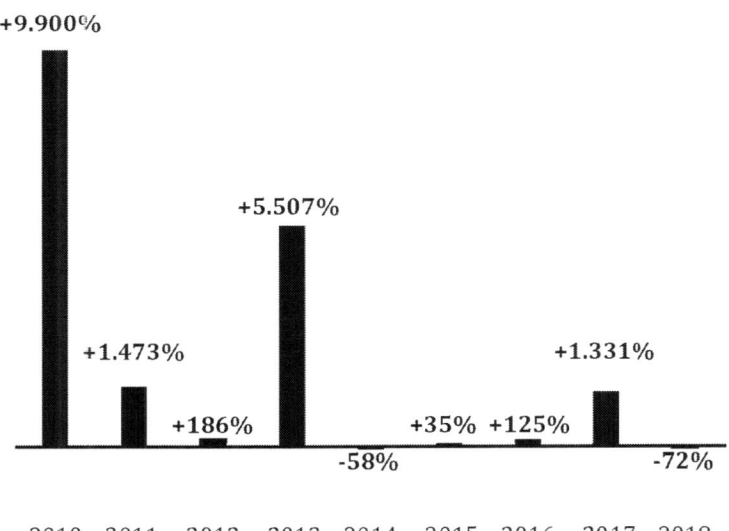

Figure 8 : Croissance annuelle du Bitcoin

Comme vous pouvez le constater, la croissance du Bitcoin est en baisse. Néanmoins, il ne faut pas oublier que la masse monétaire est limitée à 21 millions de Bitcoins dans le code. Si le Bitcoin devenait effectivement un jour la monnaie mondiale, il serait confronté à environ 7,5 milliards de personnes. Si tous se détournaient de la monnaie fiduciaire actuelle et demandaient des Bitcoins, il y aurait alors une véritable explosion des prix vis-à-vis des monnaies fiduciaires. [61]Cependant, étant donné que vous pouvez également négocier et émettre des fractions de Bitcoin, cela ne pose pas de problème pour l'utilisation du Bitcoin en tant que tel. La plus petite unité s'appelle *satoshi* et représente 0,00000001 BTC. Peut-être que dans 100 ans, nous paierons tout avec des satoshis ?

Un autre scénario à court terme serait qu'un ETF-Bitcoin soit approuvé ou que l'accès au marché crypto soit simplifié d'une autre manière. En conséquence, beaucoup plus d'investisseurs privés inonderaient le marché d'un coup. Les investisseurs institutionnels trouveraient également plus facile de diversifier leurs portefeuilles avec un ETF-Bitcoin.

La même chose s'applique à l'Ethereum. Je vois ici le potentiel considérable des nombreuses collaborations dans lesquelles l'Ethereum est entré ainsi que le génie de Vitalik Buterin qui a propulsé ce projet qui lui tenait à cœur vers de nouveaux sommets.

À mon avis, vous pouvez acheter d'autres crypto-monnaies en plus du Bitcoin et de l'Ethereum qui ont cet avantage d'être des pionnières (première arrivée) dans leur domaine. Cependant, vous devez décider vous-même lesquelles, car avec chaque crypto-monnaie supplémentaire, il devient de plus en plus difficile de prédire l'avenir. Et même avec le Bitcoin et l'Ethereum, il est tout à fait possible de se tromper. Faites-vous donc absolument votre propre avis sur la question !

Idée d'investissement 2

Une idée intéressante, mais aussi très dangereuse, que vous pourriez avoir est tout simplement d'investir aveuglément dans des centaines de crypto-monnaies. Ainsi, vous épargnez des recherches approfondies et diversifiez énormément.

Par exemple, vous pourriez acheter les 100 crypto-monnaies aux plus fortes capitalisations boursières. Par exemple, vous placeriez 100 € dans chacune d'elles - investiriez donc que 10 000 € au total.

Selon vous, qu'est-ce que vous aurait apporté cette stratégie en 2017 ?

Pour commencer : je n'ai pas calculé exactement. Cependant, il existe un bon moyen de se rapprocher du résultat. Jetons un coup d'œil au peloton de tête en 2017 :

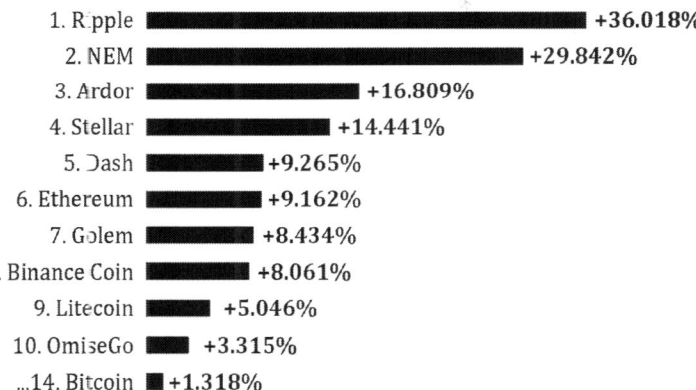

1. Ripple	+36.018%
2. NEM	+29.842%
3. Ardor	+16.809%
4. Stellar	+14.441%
5. Dash	+9.265%
6. Ethereum	+9.162%
7. Golem	+8.434%
. Binance Coin	+8.061%
9. Litecoin	+5.046%
10. OmiseGo	+3.315%
...14. Bitcoin	+1.318%

Figure 9 : crypto-monnaies avec la plus forte appréciation en 2017

Un seul investissement de 100 € dans l'une de ces crypto-monnaies vous aurait rapporté une plus-value allant de 1 318 € à 36 018 € ! Lentement, vous vous rendez compte pourquoi les crypto-monnaies ont fait couler beaucoup d'encre : en 2017, vous pouviez littéralement passer d'ouvrier à millionnaire avec un peu de chance et en jouant correctement vos cartes.

Oublions un instant tout le reste, les perdants, et concentrons-nous sur ces 11 crypto-monnaies star. Parmi celles-ci, 9 figuraient dans le top 100 des crypto-monnaies par capitalisation boursière au 1er janvier 2017 : toutes sauf Binance Coin et OmiseGo. Si vous aviez mis 100 € dans ces 9 crypto-monnaies à l'époque et les aviez revendues le 31 décembre 2017, vos 10 000 € de départ - en supposant que tous les autres s'étaient effondrés et ne valaient plus rien - seraient devenus plus de 130 335 € ! C'est une croissance de + 1 303 %.

Si cette stratégie est si géniale, pourquoi est-ce si dangereux ?

À mon avis, son danger réside dans plusieurs composantes :

1) Les évolutions de prix passées ne préjugent pas les futures. Ce n'est pas parce que quelque chose a fonctionné une fois que cela fonctionnera une seconde, voire une troisième fois. Il y a tellement de facteurs qu'aucun acteur du marché ne peut avoir une vue d'ensemble sur tous. 2017 a été une année spéciale à bien des égards.

2) L'année 2017 a été marquée par de nombreux ICO riches en capital (Initial Coin Offerings, similaires à une introduction en Bourse). Celles-ci ont permis à une énorme quantité de capitaux d'affluer sur les marchés de la crypto. Bien que le résultat ait déjà été dépassé en 2018 (davantage d'ICO et plus de capitaux acquis), un ralentissement s'est produit début 2018. Au cours de l'année, de moins en moins de fonds ont été acquis. D'autant plus qu'on a remarqué que beaucoup d'ICO ne pouvaient probablement pas tenir leurs promesses ou ont été même en partie utilisées comme des escroqueries. Vous trouverez ici des statistiques sur le montant des fonds acquis auprès des ICO[62].

3) Entre-temps, des flux de capitaux « plus intelligents » arrivent sur les marchés de la crypto et les critères d'investissement deviennent de plus en plus qualitatifs. La fin de l'année 2017 a été marquée par un véritable battage médiatique, qui s'est toutefois soldé peu de temps après par une énorme baisse des marchés. Depuis, le marché de la crypto est en phase de découverte. À l'avenir, l'argent ira de plus en plus à des projets solides et les projets utopiques deviendront de plus en plus rares.

4) Vous devenez avide et investissez toute votre fortune sur le marché de la crypto. Prenez conscience d'une chose : votre argent peut disparaître très rapidement. Vous ne savez tout simplement pas ce que l'avenir vous réserve. Toute la technologie blockchain et sa réglementation constituent également un nouveau territoire pour les politiciens. En cas de doute, vous ne pourrez pas engager la responsabilité de qui que ce soit si votre argent disparaissait d'un coup, que ce soit à cause d'un pirate informatique ou d'une mauvaise évolution des cours. Il ne serait pas censé de tout miser sur une seule carte - celles des crypto-monnaies. Je préfère prendre des risques calculables et utiliser uniquement du capital-risque !

Personne ne peut dire si les excellents résultats de la stratégie de 2017 sont reproductibles. Théoriquement, cela serait bien sûr possible - mais vous êtes seul responsable de votre décision d'investissement !

Pour finir, voyons combien de crypto-monnaies devraient extrêmement bien performer (dans le jargon crypto, on dit également atteindre la Lune) et combien devraient au contraire s'effondrer pour que notre stratégie fonctionne ? Nos hypothèses d'investissement sont les mêmes :

Capital disponible : 10 000 €
Même répartition : 100 € pour 100 crypto-monnaies

Dans le tableau suivant, j'ai divisé les 100 crypto-monnaies en :

- Échec : le montant investi est perdu
- Neutre : le montant investi est conservé
- vers la Lune : le rendement est de +10 000 %

Comme vous pouvez le constater, il est extrêmement difficile de perdre de l'argent avec cette stratégie. Je me suis étonné moi-même : même si 99 crypto-monnaies sont au pied du mur (troisième ligne) et qu'une seule décolle (vers la Lune ;)), votre investissement est de nouveau totalement rentabilisé. Avec tous les autres scénarios, cela devient de plus en plus sensationnel.

Chute (-100%)	Neutre (0%)	Vers la Lune (+10.000%)	Résultat
100	0	0	-10.000€
0	100	0	10.000€
99	0	1	10.000€
90	8	2	20.800€
50	48	2	24.800€
90	5	5	50.500€
50	45	5	54.500€
10	80	10	108.000€
85	0	15	150.000€

Mais attention ! Ici, nous supposons qu'un + 10 000 % peut être à nouveau réalisé - et cela à partir d'une crypto-monnaie dans le top 100 par capitalisation boursière. Vous comme moi ne pouvons certainement pas avoir de certitude ! Si cette hypothèse ne s'applique pas, alors vous êtes susceptible de réaliser des pertes.

Le fait est que les marchés ont fortement chuté en 2018, mais à mon avis, il existe en réalité encore des chances qu'ils repartent à la hausse. Cependant, je ne veux/ne peux pas dire si on parlera ou non de points de rendement à deux ou cinq chiffres comme en 2017. Encore une fois : vous seul êtes responsable de vos choix !

Personnellement, je plaide en faveur de l'approche d'investissement qui suit.

Idée d'investissement 3

Cette idée d'investissement utilise les critères mentionnés précédemment. La devise ici est : s'informer et investir de manière sélective. Il s'agit, pour ainsi dire, d'un mélange des idées d'investissement 1 et 2. J'ai développé cette stratégie de telle manière que j'ai commencé par acheter des Bitcoins et des Ethereum. Tout d'abord, je voulais rejoindre la méga-tendance et faire mes premières expériences. Peu à peu, j'ai étudié le sujet de la crypto, commencé à suivre les informations sur cette thématique et échangé avec d'autres personnes sur le sujet. Ensuite, j'ai ajouté l'une après l'autre davantage de crypto-monnaies à mon portefeuille crypto. Au début, je m'orientais en fonction du top 10 de la capitalisation boursière. Puis, au fil du temps, j'ai légèrement abaissé cette limite, afin d'avoir dans mon portefeuille des crypto-monnaies offrant un potentiel de rendement énorme (avec une capitalisation boursière encore faible).

En tant que débutant, vous êtes généralement dépassé par toutes les informations qui vous parviennent et vous pouvez rapidement prendre de mauvaises décisions. Cependant, plus vous êtes impliqué dans l'univers de la crypto et mieux vous vous informez, meilleures seront les décisions que vous prendrez.[63] Il n'est pas nécessaire de penser crypto-monnaies jour et nuit ! Personnellement, j'ai des phases et des jours durant lesquels je m'intéresse de manière intensive à ce sujet. Ensuite, des jours et des semaines entières peuvent passer pendant lesquels je ne lis que sporadiquement un article sur le sujet ici et là.

Là où je veux en venir : vous n'avez pas besoin d'investir tout votre capital-risque en une seule journée ! Bien que beaucoup aimeraient se débarrasser de cette « corvée », il est préférable d'examiner d'abord les crypto-monnaies une par une pour savoir où placer votre argent. Si vous décelez le point d'entrée idéal, alors bien sûr, c'est OK pour se lancer d'un coup. Mais c'est un marché volatil et les « bonnes » opportunités un jour peuvent vite être de « mauvaises » le lendemain.

Personnellement, je pense que d'un point de vue financier cette stratégie a le plus de potentiel. Étant donné que les investisseurs du monde entier accordent de plus en plus une attention à la qualité, il devient alors logique de suivre cette tendance.

Bien sûr, il y a toujours un part de « chance » où vous pouvez obtenir une rentabilité énorme avec un *Shitcoin* (mauvaise crypto-monnaie) - mais ceci est une pure spéculation et n'a rien à voir avec des investissements de bonne réputation ! Les probabilités sont en effet bien meilleures que la loterie : il n'y a qu'environ 2 000 options (crypto-monnaies), contre plus de 139 millions de combinaisons pour tomber sur les 6 numéros gagnants et le numéro complémentaire. Mais quand l'argent n'est plus là, il ne reste plus que les yeux pour pleurer. Hormis le stress que vous subissez, vous ne savez pas si vous avez acheté de la vulgaire ferraille et si vos coins auront encore de la valeur le lendemain.

D'autre part, si vous n'investissez et ne diversifiez que dans des crypto-monnaies prometteuses répondant aux critères d'investissement, vous pourrez non seulement dormir sur vos deux lauriers, et vous aurez aussi des chances de devenir rentier en quelques mois ou quelques années. Est-ce alors une stratégie payante d'investir à court terme ? Je préfère investir à moyen et long terme dans des crypto-monnaies plus susceptibles de s'établir et dont je trouve le concept génial. Bien sûr, il n'y a pas de garantie !

À titre indicatif, je voudrais vous donner quelques crypto-monnaies dans lesquelles j'ai moi-même investi. Je pense qu'elles sont intéressantes et prometteuses. Je vous recommande de les examiner par la suite de plus près. S'il vous plaît, n'investissez pas simplement à l'aveugle.

En plus du Bitcoin et de l'Ethereum, j'ai également investi dans les 10 crypto-monnaies suivantes. L'ordre n'a pas d'importance.

- IOTA
- Litecoin
- Ripple
- NEO
- Waltonchain
- TenX
- DASH
- Stellar
- VeChain
- BitShares

Je peux vous envoyer la liste complète de mes crypto-investissements sur demande. Au total, j'ai actuellement investi dans 33 crypto-monnaies différentes - à moyen et long terme. Ecrivez-moi simplement un petit mail à con-tact@financepreneur.fr. Cependant, je ne peux pas vous donner une garantie de succès pour ces crypto-monnaies.

Opportunités de crypto-investissement

Vous pouvez investir dans les crypto-monnaies de plusieurs manières. Il y a l'achat direct d'une crypto-monnaie via une Bourse crypto. Une autre option est l'échange direct (également appelé OTC : Over the Counter) avec un partenaire, où vous échangez des coins contre de la monnaie fiduciaire. Dans les bureaux de change comme Shapeshift (*https://shapeshift.io*), il est possible d'échanger une crypto-monnaie directement contre une autre. En dehors de cela, il existe cependant encore des alternatives intéressantes, que je veux vous présenter.

Initial Coin Offerings

Les *initial coin offerings* (ICO) sont utilisées comme un outil de financement par les entreprises. Vous êtes alors l'un des premiers à investir dans une nouvelle crypto-monnaie. En pratique, cela fonctionne de manière à ce que vous envoyez des Bitcoins ou des Ether à une adresse spéciale qui transfère les fonds sur un portefeuille prédéfini qui les convertit dans l'équivalent de la nouvelle devise. Les gains sont ensuite utilisés par l'entreprise pour réaliser des investissements importants. Cependant, contrairement à une IPO (*Initial Public Offering*, introduction en Bourse), on n'obtient généralement pas d'actions de la société, mais on suppose simplement que la valeur de la crypto-monnaie augmentera avec le temps. Malheureusement, il est très difficile de filtrer les ICO sérieuses et financièrement viables - notamment parce qu'il y a beaucoup d'arnaques dans ce domaine. Cela s'explique ne serait-ce que par le volume - parfois plusieurs ICO par jour. Jetez un coup d'œil aux ICO du jour et faites-vous votre propre avis. Par exemple sur :

- *https://www.coinstaker.com/ico-list/*
- *https://www.coinschedule.com/*
- *https://tokenmarket.net/ico-calendar*

Multi-Coins

Si vous aimez investir dans plusieurs crypto-monnaies sans vouloir vous soucier de quels coins acheter, alors les multi-coins peuvent être une alternative intéressante pour vous. Ces coins sont couverts par d'autres coins. Semblable à un fonds ou à un panier de devises, le coin investit dans diverses autres crypto-monnaies. La valeur de ce multi-coin est basée sur la performance des crypto-monnaies qu'il détient.

Autres produits financiers

Si vous préférez un environnement réglementé pour votre investissement en bitcoins ou en crypto, vous pouvez également vous fier à des produits financiers bien connus. Les contrats à terme, les certificats et les fonds contenant des Bitcoins existent déjà. Ce n'est qu'une question de temps avant que le premier ETF-Bitcoin soit créé. La décision d'approbation de la SEC (Securities & Exchange Commission) a récemment été reportée à mi-2019. J'ai personnellement investi dans un certificat qui reflète le cours du Bitcoin.

Investissements indirects

Enfin, il est possible que vous investissiez votre argent indirectement dans la crypto. Vous investissez dans des actions de sociétés participant au boom de la crypto. Par exemple, Nvidia fournit du matériel (cartes graphiques) aux mineurs de la chaîne de blocs. En 2 ans, ils ont enregistré une hausse de +576 %. Un autre exemple est la société Overstock, qui a été l'une des premières à accepter les Bitcoins. La société a conservé la plupart de ses Bitcoins et leur cours de l'action se maintient et baisse ainsi entre autres avec la valorisation du Bitcoin. Elle a enregistré une croissance de +258 % sur deux ans. Les sociétés IBM et Microsoft sont certainement deux autres candidates attrayantes, parce qu'elles offrent la solution blockchain aux entreprises.

Ce marché connaîtra certainement une forte croissance dans le futur, surtout si la blockchain devenait la nouvelle norme de sécurité. À mon avis, ces possibilités d'investissement indirect sont très intéressantes, car le marché boursier est bien réglementé et liquide. Cependant, au moment où j'écris ces lignes je n'ai investi dans aucune des sociétés mentionnées.

Mes cinq règles d'or

Dans ce chapitre, je voudrais vous donner quelques règles d'investissement importantes. Celles-ci pourraient vous aider à éviter de graves erreurs. Néanmoins, rien ne remplace le fait d'avoir essayé soi-même. Vous ferez certainement vos propres erreurs - mais alors avec de petites sommes ou du capital-risque !

1 Achetez les rumeurs, vendez les faits !

Cela signifie que vous profitez du cycle d'investissement. Le meilleur point d'entrée dans une bonne crypto-monnaie est lorsque des rumeurs négatives circulent. En conséquence, son cours est relativement bon marché. Il n'y a aucune raison de ne pas acheter une crypto-monnaie forte, simplement car quelques médias font du bruit. Vous devriez vendre dès que tout le monde est sûr que cette crypto-monnaie est le nec plus ultra, donc quand les faits l'emportent. Cette situation finira par s'inverser.

Beaucoup font l'erreur d'acheter (seulement) quand tout le monde en parle ou de vendre au moment même où le cours est plus bas que terre. Par conséquent, essayez de penser de manière anticyclique plutôt que de vous laisser guider par vos émotions.

2 Investissez dans des crypto-monnaies que vous connaissez bien !

Que ce soit par manque de temps, par manque de patience, de nombreux débutants commettent l'erreur d'investir dans des crypto-monnaies dont ils n'ont aucune idée. Vos critères d'investissement sont alors une « vidéo promotionnelle géniale », un logo crypto attirant ou un site web interactif. Ces détails font peut-être la différence visuellement, mais ne suffisent pas lorsque de l'argent est en jeu !

Ne vous fiez donc pas à ces choses-là et investissez que dans des crypto-monnaies que vous connaissez. Le risque de perdre tout votre argent est trop gros ! Vous pouvez même établir une check-list dans laquelle vous énumérez les critères d'investissement et que vous cochez un à un avant de vous lancer.

3 Diversification et concentration !

Les deux extrêmes ne sont pas recommandés à mon avis. Si vous diversifiez trop, vous réduisez vos bénéfices car le portefeuille contient de nombreuses crypto-monnaies. Si vous concentrez trop, alors l'ensemble de votre capital se retrouve dans très peu de crypto-monnaies. Bien que cela reste logique avec les crypto-monnaies les plus fortes (selon le principe : *le gagnant remporte tout*), une forte concentration sur les autres crypto-monnaies est associée à un risque très élevé. Dans le domaine de la crypto, il n'y a un niveau de sécurité globale qui est très fragile.

Bien sûr, vous aurez vos favorites parmi les crypto-monnaies, mais vous devez néanmoins appliquer un niveau de diversification satisfaisant à moyen terme. Personnellement, je pense qu'il tourne autour de 10 à 50 crypto-monnaies. Même si seulement 1 sur 10 l'emporte, vous vous rangez du côté des gagnants avec la croissance correspondante.

4 Méfiez-vous des arnaques !

À maintes reprises, des escrocs tentent de tirer parti du fait que le marché de la crypto n'est pas encore bien réglementé. Les escroqueries sont souvent très fréquentes. Un Shitcoin est financé de manière abusive, de sorte que son cours monte d'un coup. Des groupes spécifiques se sont ainsi formés afin de mettre en œuvre cette « stratégie » et chaque membre en retire les bénéfices. Lorsque le cours a suffisamment augmenté et que des investisseurs peu avertis arrivent, le Shitcoin est à nouveau « vidé »/vendu. En conséquence, le cours du coin s'effondre. Tandis qu'en théorie, tous les membres du groupe bénéficient d'une telle arnaque, des recherches ont montré qu'en réalité seuls les organisateurs sont les premiers gagnants.[64]

En plus d'être immoraux, ces jeux présentent un risque de perte élevé. Sur les marchés boursiers réglementés, de telles stratégies sont d'ailleurs illégales. Bien qu'elles ne soient pas illégales dans l'univers de la crypto en raison de l'absence de réglementation, cela ne devrait pas tarder à changer.[65]

5 Prenez soin de votre argent !

Bien que conserver soit bien et bon, vous ne devez toutefois pas laisser votre investissement trop mûrir. Cela ne signifie pas que vous devriez revendre directement, mais plutôt toujours avoir un œil sur votre argent. Ne regardez pas les cours tous les jours, mais peut-être toutes les semaines. Prenez le temps pour vous occuper de votre investissement ! Informez-vous sur les évolutions et les développements futurs de vos crypto-monnaies. Celles-ci, à votre avis, valent plus ou moins qu'il y a quelques mois ? Plus vous investissez d'argent dans le secteur de la crypto, mieux vous devriez vous informer. Le jeu en vaut la chandelle !

Ne faites pas non plus de bêtises financières, comme acheter des crypto-monnaies à crédit ou conserver tous vos coins sur une seule et même Bourse ! Les grandes quantités doivent être sécurisées avec un paper wallet.

Chapitre bonus : Portails d'information

Mieux vous serez informé, plus vous pourrez prendre de bonnes décisions d'investissement. Cependant, en tant que débutant, vous êtes inondé d'informations, je voudrais vous recommander quelques portails utiles ici.

Cryptoticker

Cryptoticker est une plateforme de Cryptonews basée à Berlin, dirigée par une équipe internationale d'experts engagés à partager leurs connaissances avec la communauté Crypto. Elle contient des actualités, des opinions d'experts et des interviews sur les thèmes de la blockchain et de la crypto-monnaie.

https://cryptoticker.io/en/

BitcoinTalk

C'est un forum géant qui rassemble tout ce qui se passe autour du monde crypto. Des informations sur les nouvelles monnaies, des discussions sur le Bitcoin, les ICO, les annonces de monnaies, etc. Il faut toutefois faire attention aux infos des membres inexpérimentés. Pour cela, vérifier le niveau de confiance et le nombre de messages et recoupez les informations avec d'autres sources.

https://bitcointalk.org/

Cryptonews

Cryptonews propose à ses lecteurs des actualités sur la blockchain et la crypto-monnaie, ainsi que des interviews, des critiques et des guides. Le magazine en ligne présente les leaders d'opinion de la crypto dans le but d'aider le grand public à comprendre, accepter et utiliser ces technologies avec succès.

https://fr.cryptonews.com/

Coindesk

Coindesk est le principal portail d'information autour de l'univers de la crypto. Le site propose des nouveaux articles chaque jour. Il y a aussi des tutoriels pour les novices, des informations sur les entreprises et les start-ups de l'industrie du Bitcoin et de la Blockchain, des infos sur les événements et les conférences concernant le Bitcoin, et bien plus encore.

https://coincesk.com/

En plus de ces portails, vous obtiendrez de bonnes informations sur *https://coinmarketcap.com/fr/*.

Chapitre bonus : jargon crypto

Vous allez tôt ou tard probablement tomber sur des termes étranges tels que *FUD* ou *FOMO*. Pour que vous ne soyez pas un « *novice absolu* », je vais expliquer la terminologie la plus importante.

HODL signifie « Hold On for Dear Life » et décrit un crypto-investisseur plaçant son argent à moyen/long terme.

FOMO (« fear of missing out ») désigne que le fait d'avoir peur de rater une occasion. Lorsqu'un *FOMO* est généré, les investisseurs se précipitent d'un coup sur une crypto-monnaie.

FUD est l'abréviation de « fear, uncertainty and doubt » (« peur, incertitude et doute »). Celui qui diffuse des *FUD*, veut influencer négativement les cours.

Lambo est l'abréviation de « Lamborghini » - le rêve de tout investisseur crypto ;)

Pump and Dump : « pomper et vider » => escroquerie. Un groupe génère un FOMO, de sorte qu'un cours crypto atteigne soudainement des sommets astronomiques. Après avoir atteint un certain cours, le groupe à l'origine du FUMO revend rapidement pour réaliser un bénéfice.

Altcoin (« alternate coin ») sont toutes des crypto-monnaies en dehors du Bitcoin.

Shill : si vous « shill » un coin, alors vous avez probablement investi dans celui-ci et essayez d'influencer positivement l'opinion publique.

To the moon (« vers la Lune ») désigne une crypto-monnaie ayant une tendance tellement haussière que son cours va probablement atteindre la Lune.

Bitcoin est le nouvel or

L'or a toujours agi comme valeur refuge et comme couverture d'un portefeuille. Cependant, le Bitcoin présente certains avantages par rapport à l'or. Ceux-ci font de lui un magasin à valeur ajoutée et une alternative à la couverture de portefeuille.

Premièrement, vous pouvez dépenser des Bitcoins, les échanger contre toutes sortes de biens et de services. Le Bitcoin est déjà utilisé comme un actif dans tous les pays du monde. Des sociétés telles que Microsoft, Expedia, Dish, Mozilla ou toutes les boutiques en ligne Shopify acceptent déjà les Bitcoins comme moyen de paiement.[66] L'or, par contre, n'est qu'une matière première - dit familièrement, ce n'est qu'un morceau de pierre difficile à manier : vous ne pouvez pratiquement pas le transférer à une autre personne, vous ne pouvez pas l'utiliser dans des magasins pour payer et vous ne pouvez pas le conserver facilement.

Deuxièmement, le Bitcoin est la résultante de milliers d'années de progrès technologique. On peut dire que c'est le moyen le plus avancé et, en comparaison, le plus rapide de transférer des actifs. Bien que l'or soit également considéré comme valeur refuge par l'Histoire, elle ne peut pas résoudre les mêmes problèmes que le Bitcoin. Bitcoin résout le problème de la vie privée, il est produit sans intermédiaire et peut vraiment être utilisé comme monnaie alternative. En cas d'effondrement monétaire, par exemple en Argentine, en Iran ou dans d'autres pays, la population peut alors recourir à cette option de paiement alternative sans grande difficulté.

Troisièmement, le Bitcoin, comme l'Ethereum, peut être utilisé pour le droit des contrats.[67] Alors que le code informatique est neutre, tous les systèmes judiciaires du monde ne le sont pas. Cela fait du Bitcoin l'alternative parfaite et une garantie contre la perte de confiance dans les systèmes de pouvoir avec des intermédiaires - que ce soit pour un héritage, des droits de propriété, les divorces, les contrats de prêt, etc. L'or ne permet pas tout cela.

Enfin, le Bitcoin et les autres crypto-monnaies sont sur le point de devenir de plus en plus intégrés dans le système financier. À la fin du mois de janvier 2019, la Bourse de Stuttgart a lancé son application BISON pour la négociation de crypto-monnaies bien connues.[68] La célèbre Bourse de New York (NYSE) introduit parallèlement des contrats à terme sur le Bitcoin, qui sont également exécutés et réalisés physiquement.[69] Jusqu'à présent, il n'y avait que des contrats à terme qui étaient exécutés virtuellement par le Chicago Mercantile Exchange (CME) et le Chicago Board Operations Exchange (CBOE). Ceux-ci ont parfois provoqué une chute brutale des prix - c'est une réaction assez commune des marchés lors de la première introduction de contrats à terme.[70] En revanche, la nature physique des contrats à terme sur le NYSE devrait entraîner une plus grande stabilité des prix. En outre, il y a l'introduction prochaine d'un fonds négocié en bourse (FNB ou ETF) approuvée par la Security Exchange Commission (SEC). Tous ces développements font en sorte que le marché de la crypto dispose de beaucoup plus de capitaux qu'auparavant.

Quel est le potentiel ?

Selon PwC, en 2020, il y aura environ 111,2 billions de dollars d'actifs sous gestion (aussi appelés *Assets Under Management*) dans le monde entier.[71] À l'heure actuelle, le Bitcoin ne représente qu'une capitalisation boursière de 70 milliards de dollars US et un marché de la crypto total de 136 milliards de dollars US.[72] En revanche, les investissements institutionnels ne représentent qu'environ 5 à 7 milliards de dollars.[73] Soit seulement 0,006 % du total des actifs gérés dans le monde ! Comme vous pouvez le constater, il existe un fort potentiel à la hausse. À elle seule, une augmentation de la participation des investisseurs institutionnels sur le marché de la crypto de 1,5 % - ce qui représente une multiplication par huit de leur exposition actuelle - ferait plus que doubler la capitalisation boursière de l'ensemble du marché ! Bien entendu, cela aurait un effet positif sur les prix des crypto-monnaies les plus populaires.

En fait, si le Bitcoin s'avère être le meilleur or, sa capitalisation boursière dépassera un jour véritablement celle de l'or. Si ce scénario devait se produire, un seul Bitcoin représenterait environ 333 333 dollars américains.[74] Il s'agit d'un bon de 38 fois le cours actuel de 8 725 $ du 1 juin

2019. Si vous aviez investi 1 000 euros dans Bitcoin le 1 juin, ils représenteraient plus de 38 000 dollars US selon ce scénario exceptionnel.

Est-ce que ce scénario arrivera ou non, personne ne peut le savoir à l'avance. Personnellement, je crois en Bitcoin et pense que l'avantage - le potentiel de profit - est tellement insensé que vous devriez accepter l'inconvénient - la perte potentielle de votre investissement. Combien de fois avez-vous une opportunité avec un aussi gros levier ? Cependant, ce n'est que mon appétit et mon opinion pour le risque personnel - le vôtre peut être très différent. De mon point de vue personnel, investir 1 000 € dans Bitcoin est un excellent moyen de placer son argent en vue de la retraite. Vous pouvez perdre complètement les 1 000 € et vous devez accepter cela. Si vous n'êtes pas prêt à perdre les 1 000 €, alors n'investissez pas ! De plus, bien sûr, cela ne devrait pas être votre seule option !

Dangers de la technologie blockchain

Maintenant que vous êtes immergé dans le monde de la crypto, j'aimerais partager quelques réflexions critiques sur la technologie de la chaîne de blocs et les crypto-monnaies. Ce sont des évolutions potentielles qui, bien entendu, ne doivent pas nécessairement se produire. Je veux juste vous inciter à réfléchir à cette question.

> • À mesure que la technologie de la chaîne de blocs engloutira progressivement tous les domaines de la vie, tous les actifs seront, à mon avis, au cours des prochaines années, « tokenisés ». Cela signifie qu'un équivalent représentatif sera créé sur une blockchain et qu'ils seront désormais négociables. Cela ne doit pas forcément être mauvais en soi, mais le jour viendra où tout ce que vous pouvez posséder sera numérisé : entreprises, terrains, objets de valeur, matières premières, maisons, animaux et peut-être même des personnes - par exemple, en tant que garants d'une chaîne de blocs d'État. Théoriquement, il serait alors possible qu'une seule personne possède le monde entier.

> • Les gouvernements faibles seront impuissants face aux crypto-monnaies internationales. Les pays riches pourraient utiliser les crypto-monnaies comme un instrument contre les pays du tiers-monde ou pour renverser des dictatures. Bien entendu, personne ne peut remettre en cause le code de la blockchain, mais en arrière-plan, les services de renseignement pourraient influencer les crypto-entreprises.

> • Bien que de nombreuses personnes voient en la technologie blockchain le moyen d'avoir plus de liberté, elle pourrait également être utilisée pour contrôler tout et tout le monde. Parce que les fournisseurs exigent souvent que vous divulguiez des données personnelles afin de vérifier votre identité, vous n'êtes pas vraiment anonymes sur Internet.[75] Les informations stockées sur la block-

chain seront par ailleurs préservées pour toujours. Même dans un avenir proche, il pourrait y avoir des décisions judiciaires basées sur des enregistrements blockchain comme charge de la preuve.

• Il se peut que certains acteurs majeurs sortent bientôt leur propre crypto-monnaie qui va bouleverser le marché de la crypto. Je pense avant tout à Google, Amazon, Apple et Microsoft. En outre, de plus en plus de grandes entreprises accepteront le Bitcoin et l'Ethereum comme moyen de paiement et augmenteront leurs prix.

• Je pense qu'il est très probable que les grandes banques centrales publient bientôt leurs propres crypto-monnaies. Cela s'explique par sa supériorité technologique. En outre, elles ne voudront pas abandonner leur monopole sur l'argent.

• Les ordinateurs quantiques représentent une menace potentielle pour toutes les crypto-monnaies. Bien que ceux-ci ne soient pas encore assez puissants, quand ce jour viendra, alors de nombreuses crypto-monnaies pourraient facilement être piratées. Cependant, il existe déjà des programmeurs qui s'emploient à rendre la technologie blockchain « quantum safe ».

• Les crypto-monnaies qui protègent votre vie privée avec lesquelles les participants restent anonymes peuvent être utilisées à des fins illégales (blanchiment d'argent, commerce de produits illicites, etc.). Si on interdisait de telles crypto-monnaies, les personnes qui ne veulent pas être détectées trouveraient toutefois certainement d'autres moyens. Une idée intéressante consisterait donc à taxer toutes les transactions de ces crypto-monnaies « sombres ». Ainsi, on pourrait créer un contrepoids et utiliser ces recettes fiscales à des fins de prévention.

Nous sommes encore aux débuts de l'ère de la chaîne de blocs, mais il en va de même avec toute technologie nouvelle : elle peut être utilisée pour le meilleur comme pour le pire. La technologie blockchain rapproche l'Humanité.

Créons ensemble et positivement cette nouvelle ère de la décentralisation en rapprochant les gens et en nous aidant les uns les autres !

Conclusion

« C'est la responsabilité de chacun de s'assurer qu'il sera heureux et qu'il réussira dans sa vie. »

Appius Claudius Caecus

La technologie de la blockchain et l'invention des crypto-monnaies constituent une réussite unique. Nous sommes probablement dans le plus grand bouleversement depuis l'invention d'Internet. En lisant ce livre, vous avez franchi une étape importante afin de profiter du crypto-boom à venir !

Non seulement vous comprenez maintenant l'importance du Bitcoin remis dans le contexte historique. Mais vous avez également découvert les origines et les concepts clefs de la technologie blockchain ainsi que les possibilités de stockage qu'elle offre. La multitude d'applications générées représente un paradis pour les investisseurs qui ne demande qu'à être exploité. Vous avez appris des stratégies d'investissement concrètes et des critères qui ne demandent qu'à être appliqués par vous.

Pour franchir une étape supplémentaire et passer à l'action, je voudrais vous inviter à rejoindre le groupe Facebook *De la blockchain à crypto-investisseur | Communauté pour les crypto-investisseurs.* **Dans ce groupe Mastermind, tout le monde est autorisé à poser des questions et nous échangeons** des informations sur les nouveaux développements dans le secteur de la crypto.

Que qui ne tente rien n'a rien ! Commencez à recueillir vos propres expériences. Si vous êtes malin, vous pourriez être en sécurité financière dans un proche avenir. Mais faites toujours preuve de prudence et de prévoyance.

Je vous souhaite beaucoup de succès sur votre chemin vers la liberté financière ! J'espère qu'avec ce livre j'ai pu vous aider à vous imprégner du sujet crypto et que vous utiliserez désormais le potentiel énorme des crypto-monnaies pour vous.

Jens

Avez-vous appris quelque chose de cette lecture ?

Si vous avez appris quelque chose de ce livre, je vous serais également reconnaissant de me rendre un service : soit en recommandant le livre, ou bien en donnant votre exemplaire à un ami ou en laissant un bref commentaire sur Amazon.

Laisser un commentaire sur Amazon ne prend que quelques secondes et peut être fait sur la page produit du livre en cliquant sur les étoiles :

Ecrire un commentaire client

Je lis vraiment tous les commentaires. Cela m'aide énormément à améliorer constamment mes livres. C'est pourquoi je vous serais très reconnaissant d'évaluer ce livre en étant sincère.

De plus, vous pouvez me joindre à tout moment à l'adresse contact@finance-preneur.fr.
Merci beaucoup pour votre soutien !

Notes de fin

Les liens sont présentés sous forme abrégée.

1 Bloomberg, citation ticker sur la crypto. Lien : *https://bloom.bg/2BhRN1h*

2 Finanzen.net, 13.9.2017 : *http://bit.ly/2DGh8rl*

3 DWN, 17.9.2017 : *http://bit.ly/2xmnKGw*

4 Finanzen.net, 19.9.2017 : *http://bit.ly/2Bw2Aob*

5 Bloomberg, 9.1.2018 : *https://bloom.bg/2ClVeip*

6 Cointelegraph, 18.1.2018 : *http://bit.ly/2Bu0lSi*

7 Reuters, 15.12.2017 : *http://reut.rs/2nijGki*

8 DerStandard.de, 14.12.2017 : *http://bit.ly/2rLuSvf*

9 Steemit, le 3.10.2017 : *http://bit.ly/2DPxI7j*

10 TNW, 28.11.2017 : *http://bit.ly/2zw0lkB*

11 BTC-Echo, 3.4.2017 : *http://bit.ly/2GjvQC5*

12 GodmodeTrader, 16.1.2018 : *http://bit.ly/2Fj2HFR*

13 Express, 13.1.2018 : *http://bit.ly/2Ddb607*

14 Medium, 22.8.2018 : *http://bit.ly/2wkqt3s*

15 Eurostat, "Bruttoverschuldung des Staates" : *http://bit.ly/2DFZ4xo*

16 Dans les pays germanophones, ces personnes sont particulièrement méritantes : Silvio Gesell (1862-1930), Helmut Creutz (1923-2017) et Bernd Senf (*1944). De plus, Hans-Werner Sinn (* 1948) et Franz Hörmann (* 1960) ont contribué de manière significative au développement monétaire.

17 Voir C. Klein & J. Helbig : "Jour après jour dans la roue de hamster" : *https://amzn.to/2Hc9UO4*

18 Cette forme primitive de monnaie, la monnaie de pierre Rai de l'archipel du Pacifique Yap, existe encore à ce jour.

19 L'électrum est un alliage naturel d'or et d'argent.

20 Le "Federal Reserve System" comprend 12 banques centrales régionales. Chaque banque centrale est responsable de l'un des 12 districts des États-Unis. Plus d'informations sur : *http://bit.ly/2oF9zVg*

21 Voir Banque fédérale de réserve de Philadelphie : *http://bit.ly/2nOhS3z*

22 Plus précisément, l'État titrise et vend sa dette sous forme d'obligations d'État. Celles-ci peuvent à leur tour être achetées par d'autres participants au marché. L'État reçoit la valeur nominale de l'obligation, c'est-à-dire le prix de vente, payé directement et le droit de remboursement à l'acheteur après X années, majoré d'un intérêt annuel.

23 En Ohio, les entreprises américaines peuvent payer leurs impôts avec des Bitcoins. Wired, 27.11.2018 : *https://bit.ly/2E0sZQJ*

25 FRED, "Effective Federal Funds Rate" : *https://bit.ly/2dv4wTT*

26 Vous pouvez télécharger le Bitcion-Whitepaper ici : *https://bit.ly/2mOd-wZv*

27 Heise Security, "Attaque de pirates sur Home Depot", 19.9.2014 : *https://bit.ly/2OMgRE7*

28 Haber, S., & Stornetta, WS, "How to time-stamp a digital document. Journal of Cryptology", 3 (2), 99-111, 1991 : *https://bit.ly/2vB0eEm*

29 Ce nombre est pour le réseau Bitcoin maintenant plusieurs milliards de hachages par seconde : vous pouvez voir un graphique actuel ici : *https://bit.ly/2O75JUK*

30 Pour en savoir plus sur l'énorme consommation d'énergie du Bitcoin, consultez la page *https://bit.ly/2vAdzdl*

31 Une très bonne explication du RSA avec un exemple mathématique peut être trouvée ici : *https://bit.ly/1VS2lrN*

32 Une vidéo intéressante sur l'imagination d'un déchiffrement peut être trouvée ici : *https://bit.ly/2iGvJJ2*

33 Pour un nombre supposé d'atomes dans l'univers de $[10]^{78}$.

34 Le Lightning Network et Raiden sont en cours de développement. C'est la capacité d'effectuer des transactions "hors chaîne" sur un canal de paiement privé. La somme nette des transactions qui y sont effectuées ne sera écrite dans la blockchain officielle que lorsque le canal aura été fermé entre les parties.

35 Digiconomist, "Bitcoin Energy Consumption Index" : *https://bit.ly/2vAdzdl*

36 Digiconomist, "Bitcoin Mining est plus une pollution que de l'or", 16.1.2018 : *https://bit.ly/2nPmvJX*

37 CCN, 25.6.2018 : *https://bit.ly/2MsGh8E*

38 Coin Dance, "Latest Bitcoin Blocks by Mining Pool" : *https://bit.ly/2o-T1A9Y*

39 CCN, 7.9.2018 : *https://bit.ly/2NsVmeC*

40 Une vidéo de la procédure exacte peut être trouvée ici : *https://bit.ly/2BrmKou*

41 Altcoins signifie toutes les autres crypto-monnaies en dehors du Bitcoin.

42 Procédure de sécurité dans laquelle vous devez vous identifier en plus, par exemple via un code par SMS ou par mail, que vous devez saisir lors de la connexion.

43 Si vous vous inscrivez à Coinbase via ce lien, vous et moi obtiendrons des Bitcoins d'une valeur de 8 € : *https://bit.ly/2wLlsA5*

44 Welt.de, 28.6.2014 : *https://bit.ly/2MLSuKh*

45 Heise, 4.4.2017 : *https://bit.ly/2oGRqsT*

46 Wirtschaftswoche, 29 janvier 2018 : *https://bit.ly/2Mau1cJ*

47 Listes de mots pour Mnemonic Seeds : *https://bit.ly/2HBYY8J*

48 Mnemonic Code Converter : *https://bit.ly/2Bcakgl*

49 Etude YouGov : *https://bit.ly/2J3soMV*

50 Soutenez notre travail en vous inscrivant via les liens suivants : *https://bit.ly/2wLlsA5* et *https://bit.ly/2CqatkT*

51 Les experts estiment qu'environ 4 millions de BTC ont été perdus et 2 millions de BTC ont été volés. Le montant maximum serait donc de 15 millions de BTC au lieu des 21 millions de BTC précédemment supposés : *https://bit.ly/2KLsBZh*

52 Coincierge, 4.6.2018 : *https://bit.ly/2wWth60*

53 CoinUpdate, 20.7.2018 : *https://bit.ly/2xh1FsA*

54 Invest in Blockchain, 14.8.2018 : *https://bit.ly/2nBQjdc*

55 Il est intéressant de noter que cela fonctionne étonnamment bien avec la monnaie fiduciaire - grâce aux bénédictions de l'État. Une inflation de près de 2 % est même explicitement encouragée par la BCE. Mais qui accepterait volontairement une dévaluation de son argent dans cette mesure ? Peu de gens peuvent y faire face avec une augmentation de salaire de 2 % ou plus par an.

56 La crise immobilière, bancaire et de la dette souveraine a peut-être également joué un rôle ;)

57 Oui, le magasin de jardinage près de chez moi accepte également les Ether !

58 Le lien est : *https://www.facebook.com/groups/374405343219989*

59 200 €, c'est peut-être beaucoup d'argent pour vous, mais plus tard, vous pourrez peut-être le payer tous les mois.

60 First Mover Advantage est le terme utilisé pour décrire l'avantage d'une stratégie concurrentielle axée sur le temps. Au moment de son lancement sur le marché, une entreprise pionnière n'était pas confrontée à un produit concurrent comparable. Jusqu'à ce que la concurrence rattrape son retard, le premier arrivé a pris une avance pratiquement inattaquable.

61 Celles-ci seraient bien sûr sans valeur dans ce scénario exagéré et n'auraient probablement aucun but.

62 Icodata.o : *https://bit.ly/2zmD46X*

63 J'espère qu'avec ce livre j'ai pu vous aider à comprendre le sujet de manière agréable. Si tel était le cas, je serais très heureux de recevoir un commentaire de votre part !

64 Bitfalls, 12.1.2018 : *https://bit.ly/2B5Huwz*

65 Cointelegraph, 24.2.2018 : *https://bit.ly/2EPPF7f*

66 Virtual Coin Squad : *https://bit.ly/2CYyMVk*

67 Bitcoin Magazine : *https://bit.ly/2JC6fFN*

68 Börse Stuttgart : *https://bit.ly/2vakhM7*

69 Cointelegraph, 23.10.2019 et 20.11.2018 : *https://bit.ly/2R5vWC7* et *https://bit.ly/2R5vWC7*

70 Federal Reserve Bank of San Francisco, 7.5.2018 : *https://bit.ly/2G4lzZ8*

71 PwC, 30 10.2017 : *https://pwc.to/2lrWZMY*

72 CoinMarketCap, 9.1.2019 : *https://coinmarketcap.com/*

73 Trace Mayer, 7.1.2019 : *https://bit.ly/2AFAucG*

74 Blockchain Hero, 9. 1.2019 : *https://bit.ly/2THJRzF*

75 Faites attention à ne pas donner vos données à x-entreprise !

Printed by Amazon Italia Logistica S.r.l.
Torrazza Piemonte (TO), Italy

21245863R00087